毎日の暮らしを楽しむ
四季の「枝もの」

S・i・K・i・T・O代表
佐藤真矢

河出書房新社

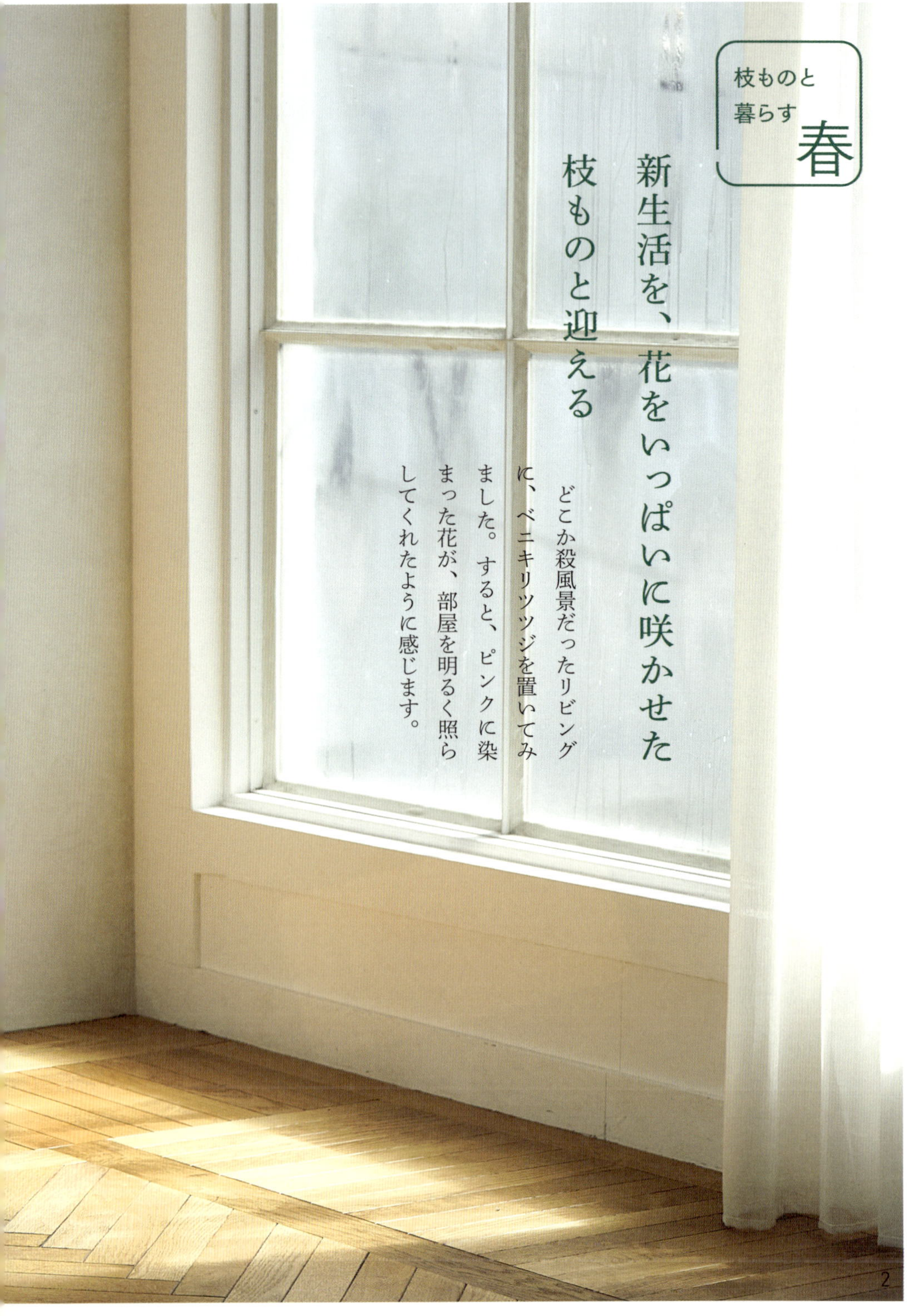

枝ものと暮らす　春

新生活を、花をいっぱいに咲かせた枝ものと迎える

どこか殺風景だったリビングに、ベニキリツツジを置いてみました。すると、ピンクに染まった花が、部屋を明るく照らしてくれたように感じます。

Bruce Mau
sacal A to Z

枝ものと暮らす春

ケイオウザクラ、アカシア、ボケといろいろな花が身近に楽しめる季節。花の色合いに気持ちが華やぎます。心地よい香りに包まれて読書でもしましょうか。

枝ものと暮らす 夏

このところの夏は猛暑続きで日中は外に出たくありません。部屋の中で過ごしていても、アセビの葉の深い緑が清々しい風を吹き込んでくれるような気がします。

暑い日々を、ほっと優しく
癒してくれる枝ものの緑

毎朝起きると、テーブルの上のドウダンツツジに、ソファー脇のスモークツリーに「おはよう」と声を掛ける。パートナーとしての距離感が、日に日に縮まっていくのを感じます。

枝ものと
暮らす
夏

枝ものと暮らす 秋

夏から秋へ。季節の移ろいがわかりにくくなってしまった日常の中でも、オレンジ色の実をつけるスズバラが、「秋がやって来たよ」と教えてくれます。

紅に染まる葉と、
かわいらしい実の競演を楽しむ

枝ものと暮らす 秋

わざわざ野山に出かけて行かなくても、紅葉したナナカマドやシンフォリカルポスのたわわな実、ふわふわのパンパスグラスたちがしっとりとした秋の風情を運んでくれます。

枝ものと暮らす 冬

クリスマスやお正月とイベントが多くなるホリデーシーズン。古くから縁起物とされるナンテンやマツの枝ものに、新しい年が実り多いものとなるよう願いを込めて。

ホリデーシーズンのワクワクを、枝ものたちが盛り上げる

重厚な古箪笥《だんす》の存在感に負けない神聖なマツ。大切な友人と囲むテーブルにはコニファー・ブルーアイス、サンゴミズキ、コットンツリーのセットが華を添えます。

枝ものと
暮らす
冬
NON
5

はじめに

暮らしを豊かに彩る枝ものを知っていますか?

「枝もの」とは字のごとく、樹木の枝を切り、お花のように観賞するものを指します。リビングやダイニング、寝室などにそうした枝ものが飾られている、「枝ものと暮らす」生活とは、どのようなものを想像されますか?

春夏秋冬の四季がある日本では、季節の移ろいを旬の枝ものが見事に映してくれます。

春になると枝先に蕾《つぼみ》が膨らみ、美しい花を咲かせます。夏には新緑が芽吹き、気温の上昇とともに緑は次第に濃くなり、秋めいてくると実が鮮やかに色づいて、葉も黄や紅に染まる。そして寒さのなかでも落葉しない常緑の葉が冬の訪れを知らせてくれるのです。

自然あふれる野山に行かずとも、枝ものは自宅の中に四季の変化をもたらしてくれます。季節感がなくなりがちな現代人の暮らしに、心地よいメリハリが生まれるのです。

私は、埋もれた素材や技術といった「資源」に光を当て、新たな商品やサービスを開発するベンチャー企業の㈱TRINUS(トリナス)を経営しています。大手フラワーショップとの協業で、長尺の枝ものを生けられる花器を開発したことがきっかけで、枝ものの世界を知りました。

開発中の花器を自宅で試用する中、枝ものの魅力に気づき始めたのですが、その花器に似合うような長尺の枝ものが一般的にはなかなか手に入りにくいという課題も同時に知りました。生け花文化が盛んだった頃には流通量も多かったようですが、現代では街のフラワーショップで小ぶりのものがときどき扱われているぐらい。1mを超すような大ぶりのものは空間の印象をパッと変える力がある一方で、持ち帰りにくさから扱っているお店が少ないのです。

この課題を解決するため、ライフスタイルブランド「SiKiTO（シキト、「四季と」の意味）」を立ち上げ、枝ものを全国にお届けするサブスクサービス「枝もの定期便」を開始しました。お陰様でユーザーは増え続けており、全国の枝ものファンの方々からご支持をいただいています。しかし同時に、この魅力がまだまだ知られていないことも日々実感しています。そこで今回、枝ものと暮らす魅力をもっと多くの人にお伝えすることができればと、本を出すことにしました。

本書では、枝もの初心者だった私が知ったこと、学んだこと、感じたことをまとめています。巻頭グラビアは、枝ものと暮らす魅力を伝えるべく、私自身が栽培農家や市場から仕入れ、スタイリングしたこだわりの写真です。枝ものをより楽しむためのコツや、お世話の仕方をトリセツ的に解説しているほか、季節ごとの枝もの図鑑（64品種）もそろえました。

枝ものは切り花よりも長持ちし、観葉植物よりも手軽に四季の変化を楽しめます。インテリアの一部でありながら、花を咲かせ、香りを漂わす、生きたパートナーでもあります。そうした現代人の暮らしを豊かに彩る枝ものたちを紹介していくことにしましょう。

目次

eda 2

eda 3

131 枝ものを育む、愛でる

枝ものmemo1

蕾と実の違い

蕾と実の違いってご存じですか？　蕾は、花が咲く前に枝先に膨らませる、まだ開いていない前の花の状態で、言ってみればこれから前途有望な若者でしょうか。

対して実は、花が咲いた後に膨らませるもので、中に種を持っています。まさに子孫を後々まで残していくためのものです。

その見分けは難しいことも多く、キリ（100ページに写真）やアオモジ（120ページに写真）の丸い粒は、実に見えるかもしれませんが蕾です。

枝ものとして流通している植物の多くは、蕾から花が咲き、花が散ると葉が出て、その後実がなるという順で毎年生長していきます。こうした一連の移ろいを季節によって楽しめるのが枝ものの見どころと言えます。

eda-1

枝ものを知る、学ぶ

1 そもそも枝ものとは？

植物は、「草本《そうほん》」と「木本《もくほん》」に大きく分けられる

まず、「枝もの」とはどういうものなのでしょうか？　植物は大きく草本性（＝草）と木本性（＝木）に分けることができます。草本は茎がある程度で生長を止めるのに対し、木本は樹皮の内側にある形成層と呼ばれる組織が年輪をつくりながら肥大生長を続けます。その生長が数十年から数百年も続くことは、多くの人がご存じではないでしょうか。

花《か》き業界では、この木本性植物の枝を観賞用として切ったものを「枝もの（＝切り枝）」、草本性の花を「切り花」と呼び分けています。どちらも根本が切られており、土から栄養を摂れないため、そこから大きく生長することはありません。水の入った花器に生けて鑑賞するうちに花や葉は枯れていきます。

一般的に、長い年月をかけて生長してきた枝ものは、切り花よりも日持ちがよいのが特徴です。後で詳しく述べますが、適切な環境下で適切なお手入れをすることで、2週間から、ものによっては1か月以上も楽しむことができます。

幅広いサイズがある枝もの。60cmサイズはテーブルやカウンターなどの卓上に飾ることができ、1m程度より大きくなると床置きもできます。1m40cmを超える大きなものになると空間の印象を一変させる力があります。

樹木は樹皮の内側に「形成層」と呼ばれる組織があり、年輪をつくりながら肥大生長していきます。樹齢が何百年に及ぶことも。

© tonko / PIXTA

枝ものならではのサイズと季節感が、空間を一変させる

枝ものは、サイズが大きいことも特徴です。切り花は30〜40cm程度のものが中心であるのに対し、長い年月をかけて生長した枝ものは1m程度が主流のサイズ。大きいものでは2mを超えるようなものも流通しています。最近は60cm程度の卓上サイズも増えています。

特にサイズの大きな枝ものは空間に対するインパクトが大きく、インテリアの要素を持っています。1mを超える大きな枝ものを床に置いたり、60cm程度のものをダイニングテーブルやキッチンカウンターに飾ったりと、暮らしのシーンに合わせて空間を彩ってくれます。

そして私が最も大きな魅力だと思うのは、季節ごとに多彩な表情を見せてくれることです。切り花は1年中同じ姿で出回る品種が多いのに対し、枝もののほとんどは露地（屋外の畑）で栽培されるか、森林に自生しているものを採取されたもののため、自然の季節の移ろいが色濃く現れ、その時期にしかない姿を見せてくれるのです。

春はサクラやコデマリなどの「花もの」が楽しめ、夏になると新緑が芽吹きドウダンツツジやアセビといった緑の「葉もの」に接することができます。秋になるとノバラやウメモドキのように色づいてきた「実もの」や葉が紅葉した枝ものが流通します。ホリデーシーズンの冬はクリスマスにぴったりのモミの木などのコニファー、お正月にはナンテンやマツなど、季節の「行事」に紐づいた枝ものが主役になります。

秋の訪れとともに「実もの」や紅葉が。

春に登場するのが花を開かせた「花もの」。

冬は正月などの季節行事を演出。

夏になると「葉もの」が全盛に。

2

日本人は昔から枝ものを愛でてきた

花見、生け花と枝ものを鑑賞する文化があった

実は枝ものは、古くから日本人と親密な関係にありました。

たとえば春には桜、秋には紅葉を眺めながら宴を開催する文化は、一説には江戸時代中期に始まったとされ、現代もなお続いています。

このように自然の美しい姿を屋内空間に飾り愛でる芸術が、伝統文化のひとつである生け花です。

私たちの祖先は偉大な自然を畏《おそ》れながらも敬《うやま》い、草木とともに生きるという考えを持っていました。山に自生している花や枝を床の間に飾るようになり、花器や花留めを用いて芸術性を高め、生け花という文化を育ててきました。

生け花の世界では、枝ものが頻繁に使われます。しかし、かつて花嫁修業として多くの女性たちが親しんだ生け花をたしなむ人は減少を続け、枝ものの流通量も最盛期に比べると大きく減少しています。

床の間に飾られた生け花は、かつて日本では日常的なものでした。

© iStock.com / Yasuko Inoue

© segawa7-stock.adobe.com/jp

秋の紅葉狩りも、行楽シーズンの定番イベントです。

© Enao-kagari / PIXTA

春の花見を心待ちにする気持ちは多くの日本人に刷り込まれています。

3 季節感のなかった日常に四季を取り込める

枝先の蕾がいっせいに花開き、待ちわびた春の訪れを知らせてくれます。

枝に新緑が芽吹き、日に日に緑が濃くなると本格的な夏の到来です。

実を膨らませて色づき、葉が紅色に染まる枝ものが現れれば秋です。

クリスマスやお正月を枝ものが彩り、深まる冬を実感します。

暮らしの中で四季の変化が失われている

二十四節気、あるいは七十二候といった言葉をご存じでしょうか？

二十四節気は春夏秋冬をそれぞれ6つに分け、1年の季節を24分類したもので、カレンダーでもなじみ深い立春、夏至、秋分、冬至などもそのひとつです。

七十二候はその二十四節気をさらに3等分して、1年の季節を72分類したもの。なんと約5日ごとに季節が変わります。

このように、昔の人々は1年を四季に分けるだけでは満足せず、もっと細かく、そしてグラデーションで変わっていく季節の移ろいを敏感に感じ取っていたことがうかがえます。

それに比べると、現代に暮らす私たちはどうでしょうか？　私もそのひとりですが、都市部で生活する日々では、四季の移ろいを実感する場面は本当に少なくなっているように思います。

たとえば、普段食べている果物や野菜の多くはビニールハウスなどの人工的な環境で栽培されていたり、国際的な物流で届いたものだったりで、スーパーの売り場には、1年を通して同じような青果が並んでいます。

「この野菜はいつが旬なの？」と問われたとしても、答えられないものも多いのではないでしょうか。

特に忙しい方にとっては、せいぜい気温の変化による衣替えくらいが季節の変わり目の関心事となってしまいがち。もっとも、このところは気候変動や温暖化の影響によって、気温が変わる時期がずれたり、季節はずれの天候に見舞われたり、季節の体感もだいぶ怪しくなっているような気さえします。

枝ものが的確に四季の訪れを教えてくれる

多くの人が、身近なグリーンとして観葉植物を飾られています。土のなかに根を張る観葉植物は少しずつ生長していく様子がとても愛しいものですが、1年を通じて表情が大きく変わるかというとそうではありません。

枝ものは観葉植物よりも愛でられる期間は短いですが、四季折々の自然そのままの風情を感じさせてくれます。

多くの枝ものはビニールハウス栽培を行っていません。露地栽培や森林に自生しているものを採取する山採りが基本なので、ケイオウザクラの花は春にしか咲かないですし、ドウダンツツジの緑の葉は夏にしか楽しめません。ノバラの赤い実は秋しか出合えず、お正月飾りなどに使われるナンテンは冬が深まる年末になるとようやく買うことができます。

枝ものとの暮らしは、単調になりがちな日々に季節感を取り込むことができるようになるのです。視覚的な意味だけでなく、香りや質感も変化していく様子は暮らしに穏やかなリズムをもたらし、私たちの感性を豊かにしてくれるように感じます。

4 「インテリア以上ペット未満」のいい関係

サクラの蕾は部屋の中でゆっくり開花。満開になるとやがて散っていきますが、さらに葉ザクラへと変化していく様子を目の当たりにできます。

ウラジロギンバは小さな葉を開き、その葉が少しずつ大きく生長していきます。

ウンリュウヤナギは花器の水の中で次々に根を伸ばすなど生命力が豊か。

枝ものには空間の印象を変えるインテリアの機能がある

先にも触れたように、１m以上の大きな枝ものを部屋に置いてみると部屋全体の印象がパッと変わるのを感じます。

無機的だった空間に有機的な枝もののラインと花・葉・実の自然色が加わることで、部屋の表情が穏やかに変化する。空間を美しく、心地よく演出するインテリアとして枝ものが優れていると感じる点です。

ただ、しばらく一緒に過ごしてみると、そうしたインテリアには留まらない力や存在感があることが伝わってきます。

「自然界に直線は存在しない」という言葉のとおり、枝ものも曲がったりうねったりしながら唯一無二のかたちを描いています。自然が生み出すラインは、直線や整った円弧で構成される人工物には出せないものです。人間も自然の生き物だからこそ、暮らしの空間に置かれた枝ものの有機性にふと目を奪われ、無意識のうちに癒されるのです。

ダイナミックな変貌を見せる生きたパートナー

枝もののなかには、短期間のうちにその姿を大きく変化させるものがあります。その変化を目の当たりにすると、枝ものが呼吸をしている尊《とうと》い生命体であることを実感することができます。

春、蕾をつけたサクラが部屋の中で開花し、数日をかけて満開になります。満開になると1週間程度で花は散ってしまいますが、その後同じ枝から葉が生え、葉ザクラになるのです。ひとつの枝で蕾、花、葉と三様の変化を次々に愛でられるのは、枝ものだから得られる楽しみです。

夏の枝ものであるウラジロギンバは、新緑の時期に小さい葉を開き、長く飾っていると葉が少しずつ大きくなっていきます。生命力豊かなウンリュウヤナギは、花器の水の中で次々に発根《はっこん》します。

ペットほど手間がかからない程よい距離感

そんな生きたパートナーの枝ものですが、そのお手入れは決して難しくありません（詳細は52〜53ページを参照）。

ネコちゃんのように毎日エサをあげたりトイレ掃除をする必要もないし、ワンちゃんのように散歩に連れていく必要もありません。生活空間のなかで静かに息をしながら、しばらく同じ時間を一緒に過ごしてくれるのです。

家具とは違い生きている存在でありながら、ペットほど手間がかからず、べったりと寄ってくることもない。そんな枝ものとの程よい関係を、私は「インテリア以上ペット未満」だと考えています。

5 フローリストに聞いた映えるテクとコツ

Point 1
枝と器の長さを考える

器から顔を出す枝の長さと器の長さが同じぐらいだと寸足らずに見えます。
器1：枝1.5以上の比率になると迫力が出ます。

Point 2
偶数より奇数がいい

枝が2本あるとつい左右対称に生けがち。
できれば、もう1本増やして3本で生けたほうがバランスがよく絵になります。

Point 3 短い枝は傾けてみる

短い枝の束は、器にまっすぐ生けるよりも
口の部分を使って傾けてあげるとシャープに見えます。

Point 4 葉の表と裏を見極める

葉には表と裏があります。裏のままでは違和感があるので、表にしましょう。
これが自然の中で植わっていた姿です。

アンバランスに生けたほうが、むしろ心地よい

枝ものを飾るのに、生け花のように決まった型やルールはありません。存在感があるからこそ、無作為にがさっと花器に入れるだけでもサマになるのがいいところ。

ですが、ちょっとしたポイントやコツを知ると一層美しく飾ることができます。ＳｉＫｉＴＯで日頃からお世話になっているフローリストの岡寛之さんに、プロならではのテクニックを伺いました。

まず花器と枝の長さのバランス。これは器の長さ1として、器から見える枝が1・5〜2倍程度にするのがおすすめです。たとえば、30cmの高さの器で生ける枝ものが60cmだと、器と器から見える枝の長さが1対1になってしまいなんだか寸足らず。枝ものの長さが75〜90cm程度あると、器に対して器から見える枝が1・5〜2倍（45〜60cm）程度になり、すっと伸びた印象にまとまります。

それから、左右対称よりも非対称のほうがおすすめ。枝が2本あるなら左右どちらかに寄せたほうがまとまります。できればもう1本枝を増やして3本にする。三角形を意識して生けるとぐっとよくなります。枝の本数は偶数より奇数にしたほうがまとまりやすいです。

また、まっすぐに立たせるより、少し傾けることでシャープさが加わってきます。短い枝が束であるときは器の中で浮かせてあげると、斜めの線を描けます。このテクニックを使うときは、枝の切り口がしっかりと水に浸《つ》かっていることを確かめましょう。浸かっていない

とすぐに枯れてしまいます。

あまった枝も小道具として再利用できる

自然環境下での樹木は太陽光が差し込む方向に枝を伸ばしていく傾向があります。そのとき太陽の方を向いている葉が「表」となります。表は緑が濃く、裏は緑が薄い。試しに、葉を裏にして生けてみると違和感があります。家の中で生けるときも、樹木本来の姿を再現してあげると自然な感じになります。

SiKiTOでは、枝もの専用の花器「EDA VASE（エダベース）」を販売しています。コンクリートの土台に直径11㎝の花瓶とスチール製のリングが取りつけられているもので、2m程度の大きな枝ものも倒れずに支えられるとご好評をいただいています。

この花器にボリュームのある枝ものを複数本生ける場合は、すべての枝をリングの中に入れてしまわないこともコツです。リングの中にすべての枝を収めてしまうと、どうしても窮屈になってしまいます。数本の枝をリングからはずし、上部を広げて逆三角形を意識して生けるとぐっと広がりがでます。

小道具を使うと、飾り方の幅がさらに広がります。ホームセンターなどで購入できるミニ剣山やアルミのワイヤーを花器の中に仕込めば、1本の枝だけでも狙った位置に固定しやすくなります。生けるときにカットした小枝や見ごろが過ぎた枝も、枝留めなどの小道具になります。処分せずに残しておくと活躍の機会があるかもしれません。

Point 5
器のリングを外して生ける

大ぶりな枝用花器（EDA VASE）を使う場合、リングにすべて入れてしまうと窮屈に見えます。数本をあえてはずすと広がりが出ます。

Point 6
長い枝1本は小道具を使う

長めの枝1本だけを生けるときは、ミニ剣山やアルミのワイヤーといった小道具を使うと、美しく立ち上げることができます。

Point 7 あまった枝を再利用する

小さな器に1本の枝だけだと寂しいですが、あまった枝をひと握り分長さをそろえて添えてあげると、すっと立って賑やかな感じに。

枝をハサミで割り、そこにさすという技も。

間口が広くて枝が安定しない器の場合は、あまった枝を間口の直径の長さに切ってはめると間口が狭くなってすっと立ってくれます。

東京農業大学の水庭教授に伺いました

植物と人間との関係

枝ものなどの植物が置かれた空間はなんだか心地よい、と多くの人が感じます。この感覚について、学術的な視点から実際のところはどうなのか気になるところです。

そこで、東京農業大学で造園や緑地環境を研究されている水庭教授の研究室にお邪魔しました。

人間は本能的に自然を求めている

街づくりに緑地を活かして、資源をどう循環させていくかという「グリーンインフラ」を研究テーマのひとつにされている水庭先生は、ここ数年「バイオフィリック・デザイン」という言葉をよく耳にするようになったと話します。

バイオフィリック（Biophilic）とは「人間は本能的に自然を求めている」という意味です。

「かつて私たちは、便利さを追求するあまり都市生活の中から自然を排除しようとしていました。だけど、やっぱり人間には自然が必要だということに気づき始めました」。

その考えから、都市や生活空間のデザインに自然を取り入れていこうという「バイオフィリック・デザイン」が注目されたのです。

植物があることで空間の印象が和《やわ》らいだり、

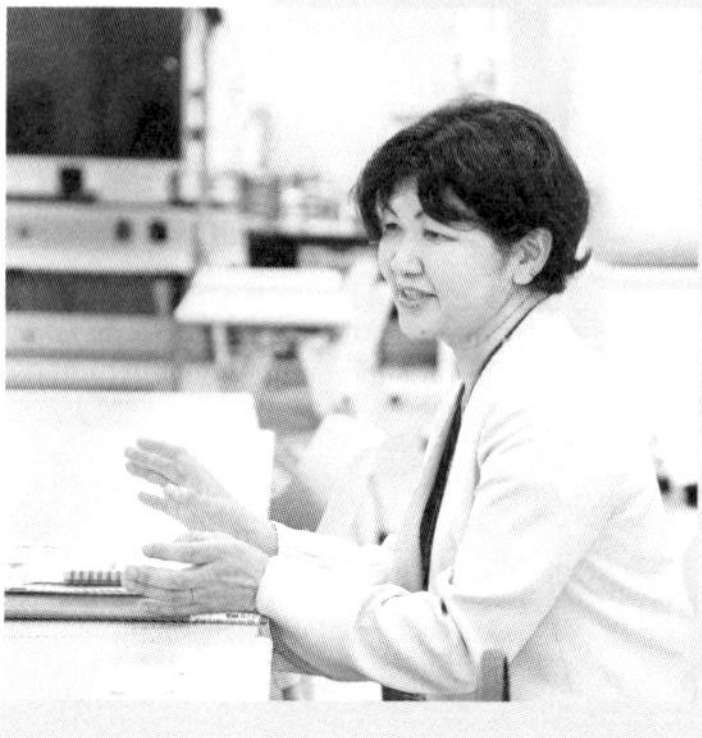

水庭千鶴子　東京農業大学地域環境科学部造園科学科教授。「緑による環境改善および相互作用と応用手法の確立」「緑地・芝生地の保全と利用の確立」が研究テーマ。企業や官公庁が行う街づくりなどに参加する。

微量ながらも光合成もしているので新しい空気を生み出したりしてくれることが、無意識下で私たちの安心感につながっていると先生は指摘します。

アメリカのある研究によると、窓のない壁に囲まれた病室より、窓から植物が見える病室に入院している患者のほうが快復が早いというデータが出ています。やはり、人間にとって植物は必要な存在と言えそうです。

たくさんの植物は求めていない

「だからと言って人間は、視界を覆うほどのグリーンを求めてはいなんです」とも水庭先生は言います。

ある実験で、様々な丈の草が生えている場所に子どもを連れていくと、ひざよりも高い草がある場所には行きたがらないという結果が出ました。

どうやら、本能的に「その先になにがあるかわからない場所は危ない」という感覚が働いているからだそうです。確かに、私たち大人でもうっそうとした薮《やぶ》のなかに入るのは怖いものです。

つまり、人間は緑が少な過ぎると物足りないけれど、多過ぎても不安になってしまう。

「自然は必ずしも人間の味方ではないと私は思っているので、そのような感覚は当たり前なのでしょう。自分がコントロールできると思える範囲内に植物があることが適しているのだと思います」

先生が緑地の計画や管理を行うプロジェクトに携わるときにも、木を植える際には向こうの空が見えるくらいを基準にしているそうです。

実は、歯医者が苦手な先生が通い続けられた歯科院があったそうです。その理由として処置室に置かれていたグリーンに着目し、植物が人間の緊張緩和に効果があるかを調べました。

植物が緊張緩和に作用する

1「植物がない場合」、2「植物のみがある場合」、3「植物と花がある場合」での緊張状態を測定したところ、1＞2＞3の順に緊張状態の数値が低くなり、植物が緊張緩和に効果があることがわかりました。

また、植物が空気中の有害物質をどれくらい吸収するのかという検証も行っていて、切り花がシックハウス症候群の原因となるホルムアルデヒドに効果があることもわかったと言います。

「ホルムアルデヒドは水に溶けやすい性質があるため、植物が吸収して栄養分として使っている。切り花10本前後で約6畳分の空気を浄化してくれる作用があります」

これは枝ものでも同様の効果が得られるかもしれません。

「植物は枝が伸び、花が咲くなど視覚的な楽しさをもたらしてくれます。そして、植物があるだけで寂しさが薄れたり、イライラが

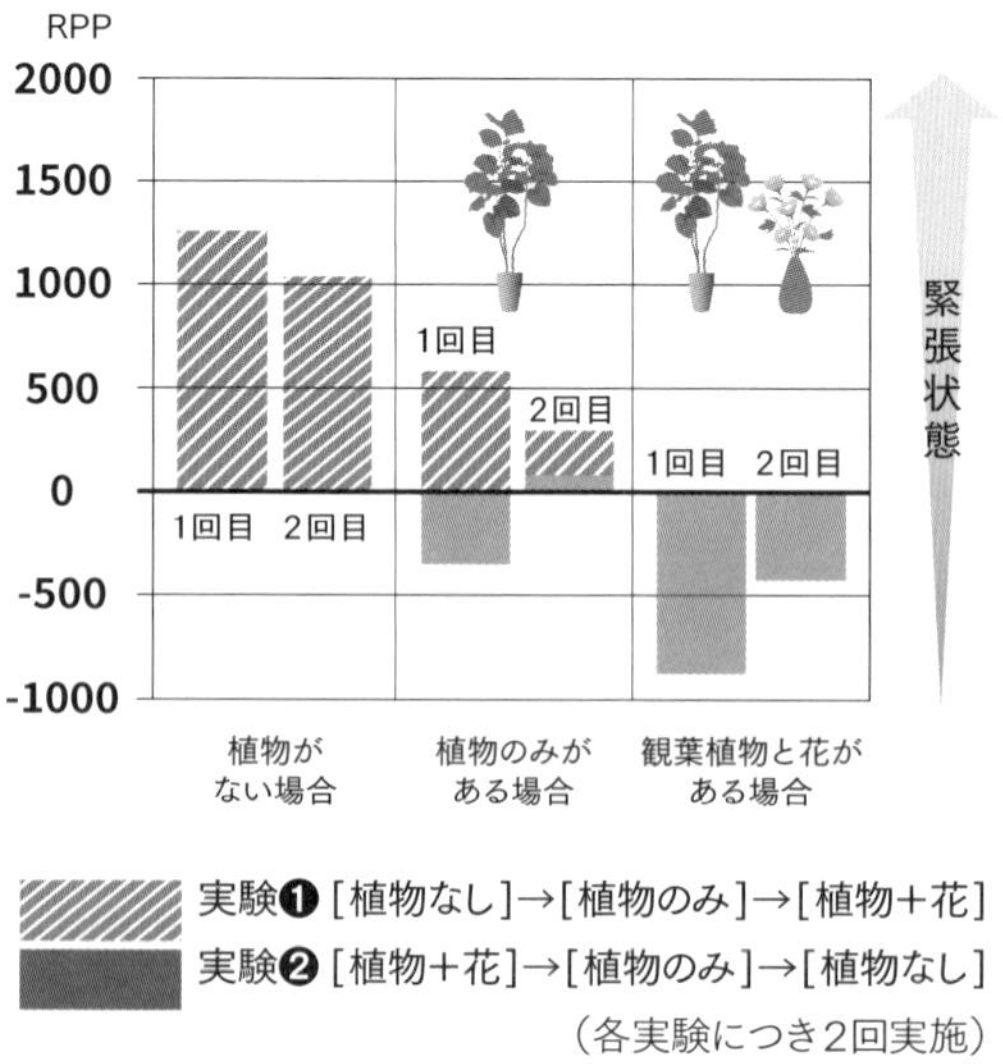

RPP (Rate Pressure Product) 値が高いほど緊張状態(論文「緑化が被検者に与える緊張感の変化ー歯科医診療室を事例としてー」より)。

収まったりと気持ちがどこか穏やかになる気がします」

枝ものがもたらす1年のリズム

人間は、朝目覚めて、昼活動し、夜は眠たくなるという1日の周期と、春夏秋冬という1年の周期を繰り返して過ごします。

「こうした人間の行動に寄り添ってくれるのが自然の植物なのかもしれません。たとえば桜が咲くと春の訪れに、紅葉を見て秋の深まりに気づくように、植物の姿は季節の移り変わりを感じさせてくれます。つまり、植物は私たちの1年のリズムを整えてくれているわけです」

となると、枝ものを家の中に飾るということは、四季の移ろいを知らせてくれる存在が家にいることになります。今この瞬間の心地よさと同時に、自然の周期も整えてくれていることに、大きな驚きと発見を得ることができました。

枝もののトリセツ

トリセツ1 始めるのに必要な道具

お手入れが簡単で長持ちが特徴の枝ものですが、始めるにあたって、最低限知っておかなければならないポイントがあります。

それを押さえることで、枝ものと過ごす時間がより長く、より心地のよいものになって、いい関係を築いていけることでしょう。

ここからはそんな枝もののトリセツをお伝えしていきます。まず最初に取り上げるのは、道具の話です。

剪定鋏《せんていばさみ》を用意する

まずご用意いただきたいのは園芸用のハサミである剪定鋏です。

花器や空間に合わせて枝ものの長さを整えたり切り分けたりするのに必要なのはもちろん、「切り戻し（詳しくはP52〜53参照）」にも鋏は不可欠です。スパッと切れ味のよい鋏は植物の繊維を潰さずに切ることができ、水

剪定鋏

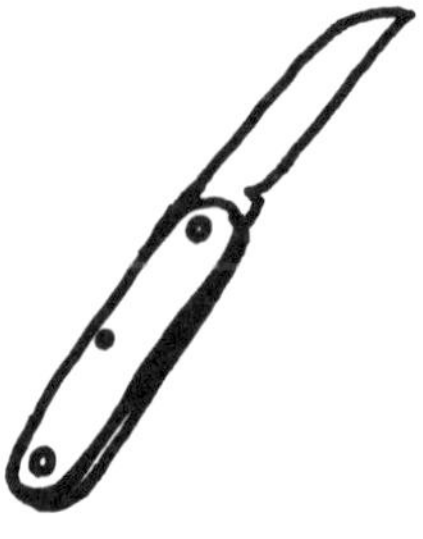

フローリストナイフ

霧吹き

鮮度保持剤

の吸い上げがよくなります。さらに、処分の際に枝を短くカットするのにも鋏を使います。

剪定鋏はフラワーショップやホームセンター、ネットでも購入できます。価格帯も幅広いですが、おすすめは職人さんの手でつくられたもの。頼もしい切れ味が持続し、研《と》ぎ直しを依頼できるメーカーもあります。お値段は7000~1万円超と少し高価ですが、私の経験から長い目で見るとお得だと思います。

主な素材はステンレスと鋼《はがね》の2種類。ステンレスはサビにくく切れ味が長持ちします。鋼はサビやすいので、使ったあとはタオルで水気を拭いておくようにしましょう。

鋏は繰り返し使ううちに刃にアクが溜まり、雑菌が増えてしまいます。切れ味が落ちてきたと感じたら、研ぎ直すことで清潔さと切れ味を保てます。鋏用の研ぎ器も販売されています。

こんな道具もあるといい

水をよく吸うようにする「水揚げ」の際に水に浸かる部分の枝の皮をむくと、吸水面積が増え、水を吸い上げやすくなります。そのときに使うのがフローリストナイフです。

また、葉のみずみずしさを保つために水を吹きかける霧吹きや、延命剤や鮮度保持剤と呼ばれる専用の薬剤もあるとよいでしょう。花器の水に入れると、水の抗菌効果と枝ものへの栄養効果があります。春の枝ものに対しては特に有効です。

落ちた葉や実を集めるほうきやちりとりも揃えておくと、お掃除も楽しくなります。

トリセツ2

お手入れのポイント

花器に生ける前に切り戻し

次は基本的なお手入れ方法です。

まず、枝ものが家にやってきたら花器に生ける前に、切り口を新しく切り直す「切り戻し」をしましょう。切り口が古くなると微生物が増え、水を吸いにくくなるためです。切り口は斜めに切ると、吸水面積が大きくなります。その上で、十字の切り込みを入れ（細い枝は一文字で大丈夫です）、木皮をフローリストナイフでむいてあげると、さらに水を吸いやすくなります。

3～5日ごとの水換え

一般的な水換えの目安は3～5日程度です。目に見えて水が濁っている場合は、よりこまめに換えるようにしましょう。特に、夏場は水の中に雑菌が増えやすいので、水換えに

切り戻し

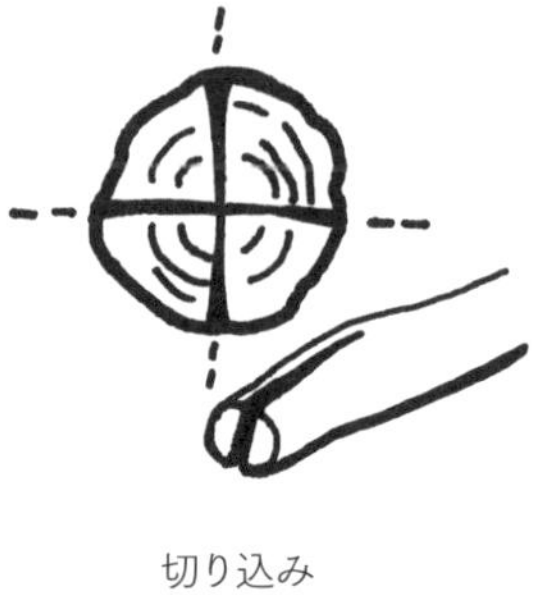

切り込み

は注意が必要です。

水換えのたびに切り戻しをしてあげると、元気な状態が長続きします。根本がぬめっているときは、手で優しくこすり落としてあげるようにしてください。

抗菌成分と栄養成分が含まれた鮮度保持剤を水に加えると、枝ものがしゃきっと元気になります。

乾燥していたら霧吹き

乾燥する時期や暖房が効いている部屋では、葉や蕾に霧吹きで水をかける「葉水」をしてあげると湿度を保つことができます。

見ごろを終えた花や葉は、こまめに摘み取ってあげると、見た目も美しいですし、元気な部分に水がしっかりと届きやすくなります。

それでも元気がないときは

こまめな切り戻しや水換えを行っても枝ものが元気にならないときがあります。そうした場合は、水が上がりにくくなっている可能性があります。

そんなときに試していただきたいのが「水揚げ促進剤」です。

まず、枝ものを切り戻し、ボトルから別容器に移した水揚げ促進剤に切り口を2秒ほど浸けます。そして、すぐにたっぷりの水を入れた花器に生けてください。

水揚げ促進剤を使うことで切り口が消毒されます。また枝内の空気が取り除かれるので、空気が抜けた直後に水に入れることで、枝はいっきに水を吸い上げてくれます。

水揚げ促進剤

トリセツ3

部屋のベストポジション

日当たりは気にしなくてOK

枝ものを飾る際、日当たりは気にする必要はありません。なので、リビング、ダイニング、寝室、キッチンカウンター、サニタリーと様々な場所に置けて、暮らしの空間にやさしく彩りを添えてくれます。

自然の光や風が入る場所に置くと、部屋の中に木漏れ日が生まれ、不規則にゆらぐ様子に思わず目を奪われます。また、時間とともに伸び縮みする影すらも、部屋の新たな情景になってくれます。

空調の風と直射日光はNG

避けていただきたいのは、まず空調の風です。エアコンの風が直接あたり続けると、乾燥してしまうのは人間も枝ものも同じです。

特に夏場は、強い直射日光も避けたほうが無難。花器の中の水温が上がって雑菌が繁殖し、枝ものが傷んでしまうことがあります。

大きいものは床置きで

枝ものの大きさにあわせて場所を決めるのもいいでしょう。1m以上の大ぶりなものは床置きがおすすめ。ダイナミックさをより感じやすいですし、そのスケール感は部屋全体の雰囲気を変えてくれます。

60cm〜1m程度でしたら、テーブルやカウンターの上に置くと視線に入りやすいです。

日常的に視界に入るところに枝ものがあると、ともに暮らしている感覚が強くなります。

たとえば、朝起きてリビングの枝ものにふと「おはよう」と声をかける。玄関に置くと「行ってきます」「ただいま」の挨拶に枝ものが応えてくれているような気持ちになってくる。数週間〜数か月の同居期間がより愛しいものに感じられます。

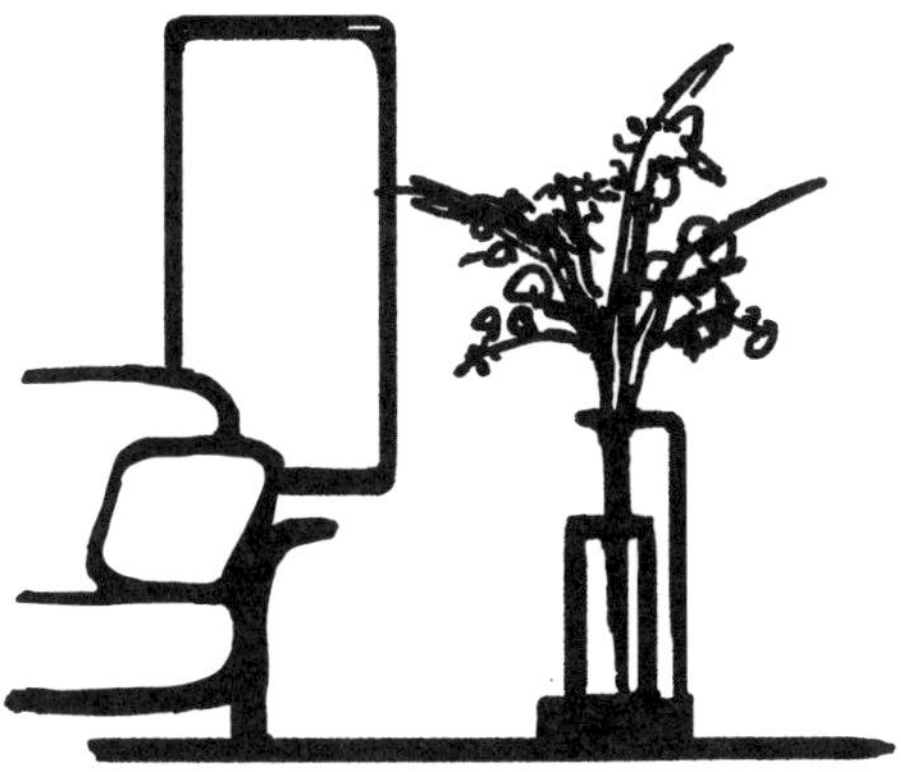

子どもとペットへの配慮

小さなお子さんがいたり、ペットを飼っているご家庭は、手が届かず倒されない場所を選びましょう。

また、アセビの葉などは誤食した場合に体調不良の原因となることがあります。飾る前に念のために調べておくとよいでしょう。

トリセツ4

枝ものにぴったりの器選び

手持ちの花器も使える

枝ものを生ける花器は、必ずしも特別なものである必要はなく、ご自宅にあるものなどでも代用できます。ただ、枝ものは長さがあり、幹も太くて重いので、バランスを取るのが少し難しいです。下部が膨らんでいて口径が小さい形状の花器だと水もたくさん入り、安定感が出て枝もののシルエットもまとまりやすいです。

もし10本以上の枝をゴージャスに飾るなら、口径が大きい花器のほうが角度をつけたアレンジもしやすいでしょう。

枝もの専用の花器がある

1m以上の枝ものを生ける場合は、より高さと重量がある花器でないと枝をしっかり支えられません。大きな花器には水もたっぷりと注ぐ必要があります。

そのため、大ぶりの枝ものは水換えの手間

口径が大きいタイプ

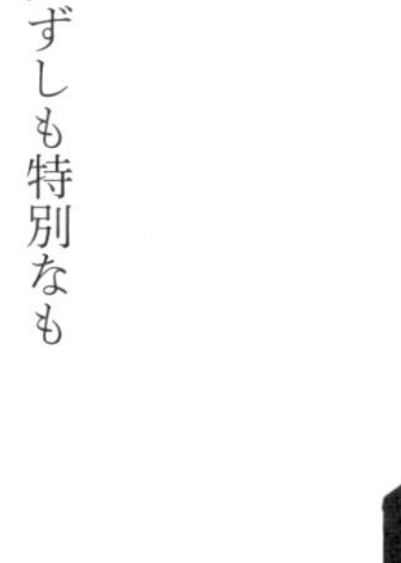

口径が小さいガラス製花器

が大きな負担になってしまいます。そんな課題を解決できたらと私たちSiKiTOが考えたのが、枝もの専用の花器であるEDA VASE（エダベース）です。

　EDA VASEはコンクリートの土台、ポリカーボネート（耐衝撃性、耐久性、透明度に優れたプラスチック素材）の水入れ、そしてスチール製リングの3パーツで構成されておりとてもコンパクト。水入れが独立しているので、水換えの負担は最小限です。デザインとしても、枝の自然な造形を邪魔しないミニマルなものにしています。

壺

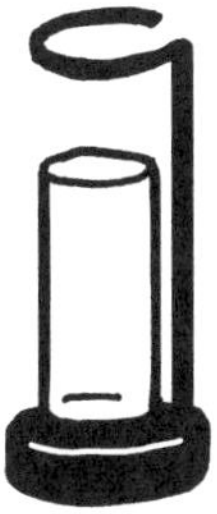
EDA VASE

素材で選ぶ選択肢も

ガラス、陶器、金属、ポリカーボネートなど、季節や空間にあわせて素材で花器を選ぶのも楽しいです。

　ガラスは水の濁り具合や減り具合が見えるので、初心者におすすめ。爽やかな春夏時期は特にしっくりくる素材です。

　ポリカーボネートはガラス同様に水の状態が見えることに加えて割れにくい特長を持っていますが、少し傷がつきやすく透明度はガラスに劣ります。

　陶器の重厚感やあたたかみのある質感は空気が冷え込む時期に合わせたくなります。昔ながらの壺《つぼ》に枝ものを生けるのも雰囲気があってかっこいい。

　枝ものを生けずとも、インテリアとして楽しめるような花器はついコレクションしたくなります。

トリセツ5

楽しみ方はいろいろ

ドライにすれば長く楽しめる

枝ものは、一般的には花や葉が枯れ落ちたら見ごろとしてはおしまいとなり、交換のタイミングです。

ただ、ナンキンハゼやヤシャブシのように、実がついた状態のままドライになり、長く楽しめる枝ものもあります。

また、枝ぶりのよいものは、花や葉が落ちて裸の枝になってもワイルドで魅力的です。そのまま飾ってもいいですし、アレンジメントのアクセントとして使うこともできます。

以前、大きな生け込み作品に使われていたブルーベリーの枯れ枝は、冬景色の壮大さを感じさせる効果がありました。

さらに、裸の枝をペイントして楽しむこともできます。クリスマスの白塗りやお正月の金塗りなどはその定番と言えます。生の枝と一緒に水に生け込む場合は、水溶性でない塗料を選びましょう。

弊社の枝もの定期便のお客様からは、枝ものはそもそも長持ちするし、ドライでも楽しめるものも多いため、どんどん溜まって困るというお声をよく聞きます。

スワッグやリースにしても

リース

裸の枝

スワッグ

秋冬時期はドライにできる種類が多く出回ります。秋のノバラやビバーナム・ティナス、冬のユーカリやコニファー、早春のミモザなどは見ごろのうちに束ねて逆さに吊っておくと、自然ときれいなスワッグが完成します。

束ねるときのコツは、輪ゴムを使うこと。ヒモだけでくくると枝がドライになる過程で細くなるため抜け落ちてしまいます。ヒモやリボンは輪ゴムの上から巻くとよいでしょう。

ちょっと上級編ですが、短い小枝を集めてリースにする楽しみ方もあります。

小道具として再利用

先のページの「映えるテクとコツ」でも触れましたが、枝はほかの枝を生けるときにサポートする小道具として使えることもあります。見ごろを終えた枝を水気がないところに保管しておけば、いざというときに活躍してくれます。

トリセツ6

購入先や入手方法

街の花店は小ぶりの枝中心

一番身近なのは、街のフラワーショップでしょうか。大きめのお店や、枝もの好きなスタッフさんがいるお店なら、切り花とともに陳列されていることもあります。ただし、サイズは持ち帰りやすい40～60㎝程度のものが多く、ラインナップも人気の枝ものであるサクラやユーカリ、ドウダンツツジなど少し限定的な印象です。

とはいえ、店員さんに相談しながら、テーブルに飾る枝もののアレンジをあれこれ想像する時間はとても豊かなものです。

農家さんから買えることも

枝ものの産地エリアにお住まいであれば、近くに枝もの農家さんがいるかもしれません。一部の農家さんは直接販売を行っています。また、道の駅などでも立派な枝ものが売られていることがあります。興味があれば、立ち寄ってのぞいてみてはいかがでしょうか。

自宅の庭にも目を向ける

庭のある家にお住まいであれば、葉や実などがついた枝を何本かカットして家の中に飾ってみるのも素敵です。

お手軽なのはネット通販

枝ものを最も手軽に手に入れやすいのは、やはりネット通販です。「枝もの」で検索するると、季節の枝ものを取り扱っているストアがいくつか出てきます。花屋さんでなかなか見かけないような珍しい枝ものが見つかることも。また、かさばる枝ものも自宅まで配送してくれるのは大きな利点です。

定期的に継続購入されるなら、SiKiTOが展開する「枝もの定期便」のようなサブスクサービスが便利です。インテリア性が高く、日持ちがよい枝ものを自分でチョイスするのはなかなか難しいもの。サブスクサービスでは、プロが選定するおすすめの枝ものが自宅に送られてきます。店舗を持たず、産地に特注して仕入れているため、社会的課題として挙げられることもある「フラワー・ロス」が少ないことも特徴です。

SiKiTOが取り組む
枝ものに関わる様々な試み

「大きな枝は持って帰るのが大変」
「花屋にあまり売っていない」
私を含めた枝ものユーザーが抱えるお悩みを解決するため、四季折々の枝ものをお客様に定期配送する「枝もの定期便」というサービスを2022年に開始しました。

全国の産地から枝ものが集結

SiKiTOでは、季節感があり日持ちがよくインテリアとしても優秀な枝ものを厳選し、全国の農家さんから仕入れています。自分自身の目でも品質のよい枝ものを探すため頻繁に各地の産地も訪問し、24年からは自社で新たな枝ものの産地をつくる活動も始めました。

毎週月・金は枝ものの入荷日。祝日も関係ありません。全国から枝ものが作業拠点に到着したらまずは検品作業。1本ずつ、状態は良好か？虫はついていないか？と葉の裏まで検品していきます。

まれに状態不良品が多い場合は、大急ぎで市場に行って代わりになるものを探す必要があります。そんな日の現場はもうてんやわんやです。

その後は枝もののお掃除。お客さまがすぐ

作業拠点では、市場で仕入れた枝ものの状態確認と水揚げ作業、梱包出荷を行っています。

に飾れるように、花瓶に浸かる足元の枝はすべてカット。黒ずんでいる葉などは取り除き、きれいな状態に整えます。

そして、「トリセツ」でもお話しした水揚げをして数時間水を吸ってもらい、梱包して出荷になります。数千本の枝ものがバケツに入って並んでいる様子は圧巻で、葉ものの時期はまるで森のようです。

SiKiTO CAFEの店内には枝ものを飾っており、四季の移ろいを感じられる空間になっています。

枝もの空間を体感できるカフェ

最近注力しているのが、枝ものが飾られた空間の心地よさを実体験していただく「SiKiTO CAFE」の展開です。25年3月現在は千葉・海浜幕張にお店があり、今後は都内にも出店予定です。

店内の至るところに季節の枝ものが飾られていますが、これらは枝もの定期便の予備として仕入れたもの。カットした脇枝をまとめた枝ブーケも販売しており、枝もの定期便で残ったロス枝を活用する場にもなっています。

ロス枝の一部は、季節のリースやスワッグづくりなどにも活用することで、できる限り廃棄することがないように取り組んでいます。

枝ものmemo2

神秘的なヤドリギ

ヤドリギという植物をご存じですか？「宿り木」もしくは「寄生木」と書くとおり、大地に根を張るのではなく、他の樹木の幹や枝に根を食い込ませ、寄生して生長する不思議な枝ものです。正確にいうと、光合成は自ら行い、一部の養分を宿主に依存している半寄生植物だそうです。

繁殖は鳥まかせなのがこの枝ものの面白いところで、ヤドリギの実を食べた鳥のフンが木の枝に落ち、そこに混ざっていた種子から発芽することで次世代のヤドリギが増えていきます。

常緑広葉樹で、冬に宿主の葉が落ちると枯れた枝間から見える緑色に輝くヤドリギは、欧米では「再生」や「永遠」のシンボルとされ、クリスマスシーズンには実がついたヤドリギの枝ものが飾られる習慣があります。

eda-2

四季の枝ものたち

長い冬からめざめ、かわいらしい花をいっせいに咲かせる

ここからは、四季折々の枝ものを春夏秋冬の季節ごとにご紹介していきます。

カラーページではそれぞれの「流通時期」とともに、「流通量」や「日持ちのよさ」を5段階で表していますので、参考にしていただければと思います。

まずは春の枝ものです。

季節を先取りできる

春といえば花をつける花木《かぼく》の季節です。ウメやサクラ、ハナモモをはじめ、他にもボケ、ロウバイ、ユキヤナギ、コデマリなど色とりどりの花が咲き誇ります。

花木の多くは促成栽培という技術によって開花のタイミングを早めているため、季節感を少し先取りすることができます。

また、雛祭りや卒業・入学といった季節行事に合わせた演出が可能となっています。

したがって、本書では年末から出回る品種も、春の枝ものに含めています。

花ものならではのお手入れ

開花には一定の温度と湿度が必要です。蕾のうちはこまめに霧吹きを使い湿度を保つようにしましょう。

開花したら、もう霧吹きは不要です。また、咲き終えた花殻《はながら》や開花が止まってしまった蕾を摘み取ると、枝の負担を軽くすることができます。

開花は多くのエネルギーを使うため、栄養剤や鮮度保持剤の使用

が特におすすめの時期でもあります。

暖房を使う機会が多い季節の枝ものを少しでも長く楽しむためには、エアコンの風が直接当たらず、乾燥していない場所に置くのが理想的です。

【ボケ】
「妖精の輝き」が花言葉

ボケ（木瓜、68ページに写真）は、特徴的な朱色をはじめ、ピンクや白など、優雅な花をたくさんつけます。平安時代から春を先取りする花木として親しまれてきました。

主に12～1月頃にかけて流通しますが、なかには11月頃に開花するカンボケ（寒木瓜）というものもあります。

春を告げるように花を咲かせることから「先駆者」、花が愛らしいことを表現する「妖精の輝き」といった花言葉があります。

私の経験では、枝もののなかでも特に虫がつきやすい品種です。その美しさに虫も惹き寄せられるのでしょうか。

私たちSiKiTOでは、流通前に防虫剤をしっかり塗布するといった対策を行っておりますが、ご自宅の花器に生けてからも、こまめに点検することをおすすめします。

【ロウバイ】
四大香木《こうぼく》とも呼ぶ甘い香り

ロウバイ（蠟梅、69ページに写真）は、名前のとおりロウ細工のような質感の黄色い花が新春に咲き誇ります。なにより特徴的なのがその清潔で甘い香りで、四大香木のひとつとして数えられています。

風水の世界では、全体運や金運がアップするとも言われ、お守り的な存在でもあります。

原産地である中国などでは、ウメ、スイセン、サザンカとともに「雪中《せっちゅう》の四《し》友《ゆう》」として尊ばれています。

日本には江戸時代初期に渡来し、生け花や茶花、庭木として愛されてきました。もとのロウバイの花は内側の花弁が茶褐色ですが、一般に出回っているのは、すべての花弁が黄色のソシンロウバイです。

花言葉は「奥ゆかしさ」「慈愛」。うつむいて咲く花の様子にちなんでいるそうです。

ボケ ［木瓜］

流通時期	11-1月
流通量	★★★☆☆
持ちのよさ	★★★☆☆

ロウバイ ［蠟梅］

流通時期　12-1月
流通量　★★★☆☆
持ちのよさ　★★★☆☆

ウメ ［梅］

流通時期　12-1月
流通量　★★★★☆
持ちのよさ　★★★☆☆

【ウメ】
万葉集に多く登場する

ウメ（梅、69ページに写真）の原産地は中国とされています。年末から流通が始まり、コウバイ（紅梅）やハクバイ（白梅）が華やかな香りとともにお正月を彩ります。

奈良時代に編まれた『万葉集』では百首以上の歌に詠まれており、厳しい冬を耐える人々の心を癒す存在として、また早春の風物詩として、日本文化に古くから深く根づいています。

雪が降るほどの寒さの中で咲く姿は、「忠実」「気品」「忍耐」といった花言葉を裏づけるように凛《りん》とした魅力があります。コウバイの花言葉は「優美」「艶やか」です。かの清少納言はその花の美しさを大いに称え、「木の花は、濃きも薄きも紅梅」と『枕草子』に記しました。

【ケイオウザクラ】
ポピュラーな早咲きサクラ

ケイオウザクラ（啓翁桜、72ページに写真）は、シナオウトウ（支那桜桃）とヒガンザクラ（彼岸桜）を交配してつくられた「早咲きの桜」として知られる、枝ものの中では最も流通量の多い人気の品種と言えます。

その流通時期は12～3月と長く、まっすぐ伸びた枝にうす紅色の花がたっぷり咲き、ひと足早い春の訪れを告げます。花が散った後には若葉が現れ、花から葉ザクラまで変化する姿を長く楽しめるため、持ちのよさの評価は4としました。

厳しい寒さを越えて堂々と咲き誇り、あっという間に散ってゆくサクラのはかない美しさは、古くから和歌にも詠われてきました。日本では季節の移ろいを感じさせてくれる欠かせない存在です。

【モクレン】
生薬として重宝された

モクレン（木蓮、73ページに写真）は古くから観賞用や生薬として親しまれ、欧米ではマグノリアと呼ばれています。

中国南部を原産地とし、紫紅色の花を咲かせるシモクレン（紫木蓮）が基本種とされていますが、花き業界では真っ白な花をつけるハクモクレン（白木蓮）も多く流通しています。樹高20mに達することもある高木で、蕾は銀色の毛で覆われています。

蕾を乾燥させた生薬「辛夷《しんい》」は頭痛や鼻炎に効くとされ、平安時代にはすでに実用のために植栽されていました。

上を向いて咲く特徴的な花は春の訪れを告げる象徴であり、蕾から花が咲くまで長く楽しめる枝ものでもあります。

【レンギョウ】
枝の姿に希望を抱く

レンギョウ（連翹、73ページに写真）は、年明けから出回る代表的な花もののひとつです。英名の「ゴールデンベル」のとおり、枝いっぱいに鮮やかな黄色の花を鈴のように咲かせ、春の訪れを告げます。

中国原産の種が起源とされ、ヨーロッパにも早くから紹介されました。ヤマトレンギョウなどの日本固有種もあり、花き業界ではたくさん流通しています。

高さは1・5～3mほどに生長し、生け垣や盆栽としても利用されます。切り花として流通しているのは、大輪でよりたくさんの花をつける品種です。

花言葉は「希望」や「期待」。上に伸びる枝の姿が人々の心に新しい希望をもたらします。

【ユキヤナギ 花】
雪が降ったような花姿

ユキヤナギ 花（雪柳、73ページに写真）の名は、柳のようにしなやかな枝に雪が降り積もったように白い小花が咲く姿が由来です。細長い枝に密集して咲く可憐で清楚な花姿を称えて、「愛らしさ」や「愛嬌」といった花言葉があります。

栽培が比較的容易なことから庭木としても人気があり、枝ものとしては1～3月に多く流通します。また、爽やかな印象の葉姿も人気があり、夏には青々しい葉ものとして、秋には紅葉ものとしても出回ります。

関東以西の本州、四国、九州では岩場などに自生していることがありますが、栽培されていたものが野生化したのではと考えられています。

硬い茎は水が下がりやすく、水をよく吸うため、こまめな切り戻しと水換えが必要です。

ケイオウザクラ［啓翁桜］

流通時期　12-3月
流通量　★★★★★
持ちのよさ　★★★★

モクレン［木蓮］

流通時期　1-2月
流通量　★☆☆☆☆
持ちのよさ　★★★★☆

レンギョウ［連翹］

流通時期　1-3月
流通量　★★★★☆
持ちのよさ　★★★☆☆

ユキヤナギ 花［雪柳］

流通時期　1-3月
流通量　★★★★☆
持ちのよさ　★★☆☆☆

【コデマリ】
葉との調和が魅力的

コデマリ（小手毬、76ページに写真）は、その名のとおり小さな手毬を連想させるような小花のかたまりが、しなやかに垂れる枝にぎっしり並ぶ姿が特徴的です。この美しい花姿から「優雅」や「友情」などの花言葉があります。中国から伝わり、江戸時代以降観賞用として栽培されてきました。

自然環境下での開花は4～5月頃なので、温室を使った促成栽培によるものが1月頃から流通し、次第に季咲きと呼ばれる露地で自然に咲いたものも出回るようになります。

花器の水に食紅や染料を混ぜると花が水を吸って淡く色づくので、少し遊んでみるのも面白いかと思います。

水が下がりやすいためこまめな切り戻しが必要です。穏やかな色合いの葉との調和も魅力ですが、葉が多いと水が下がりやすくなるので、ある程度整理してもよいでしょう。

【サンシュユ】
花の季節に輝いて見える

サンシュユ（山茱萸、76ページに写真）は、中国原産の植物で、早春に鮮やかな黄色の小花が集まって枝に美しく並びます。その様子が、まるで輝いているように見えることからハルコガネバナ（春黄金花）という別名も持っています。

庭木や公園樹としても親しまれており、日本庭園でもよく見られます。花が終わると秋にはグミに似た赤い実をつけることからアキサンゴ（秋珊瑚）と呼ばれることもあります。

有機酸やタンニンなどが含まれる実は滋養強壮や疲労回復に役立つとされ、栄養ドリンクなどにも配合されています。「持続」や「耐久」といった力強い花言葉は、こうした薬用効果に由来していると考えられます。

【アカシア】
3月8日が記念日に

アカシア（76ページに写真）は、オーストラリア南東部を原産とする植物です。樹高は5～10mにまで生長し、庭木や観葉植物として人気があります。

1～3月頃に咲くふわふわの鮮やかな黄色い花が人々に元気や希望を与えることから、「幸せの花」とされています。

ミモザという別名があり、「国際女性デー」（3月8日）のシンボルとしても知られています。イタリアではこの日に男性が感謝の気持ちを込めて女性へミモザを贈る慣習があります。日本では同日は「ミモザの日」とされ、前後の時期にはたくさんのアカシアが流通し、そのまま花器に飾ったり、リースやスワッグの素材として利用されたりします。また、花が咲く前の12月頃に流通する、シルバーがかった深緑色の葉がついた枝も観賞価値が高いです。

水が下がりやすいため、こまめな水換えや切り戻しが必要です。

【ベニキリツツジ】
花つきはとりわけ貴重

ベニキリツツジ（紅切躑躅、77ページに写真）の「躑躅」という漢字が2つとも足偏であるのは、「足を止めるほど美しい」からだという説があります。1～4月頃に流通し、紅色の花が少しずつほころぶ様子はどこかノスタルジックな雰囲気を醸し出します。

庭木や街路樹として親しまれるツツジですが、花き業界では流通量が減少傾向にあり、貴重な枝ものです。その理由のひとつは促成栽培の大変さです。通常の促成栽培は枝の根元を切って温室に入れますが、良質なベニキリツツジを出荷するためには、根蒸しといって株ごと地面から掘り起こして温室に入れるのです。出荷直前まで根がついているため、開花後も花持ちがよくなるのですが、大変な重労働となります。

【ハナモモ】
桃の節句に飾られる

ハナモモ（花桃、77ページに写真）は、花を観賞するために改良されたモモの一種です。平安時代にはすでに桃の節句に飾られ、江戸時代に観賞用として品種改良が進みました。その華やかさと歴史的背景から日本人にとって特別な枝ものと言えるでしょう。

主要産地では、ひな祭りにあわせて開花時期を調整するための促成栽培が行われています。

花はピンクや赤、白、さらには紅白の咲き分けなど色彩豊かです。

サンシュユ ［山茱萸］

流通時期　1-3月
流通量　★★☆☆☆
持ちのよさ　★★★☆☆

コデマリ ［小手毬］

流通時期　1-3 月
流通量　★★★★★
持ちのよさ　★★☆☆☆

アカシア

流通時期　1-3月
流通量　★★★★★
持ちのよさ　★★☆☆☆

ベニキリツツジ
［紅切躑躅］

流通時期	1-4月
流通量	★★☆☆☆
持ちのよさ	★★★☆☆

ハナモモ ［花桃］

流通時期	2-3月
流通量	★★★★★
持ちのよさ	★★☆☆☆

【カワヅザクラ】ソメイヨシノより早く咲く

カワヅザクラ（河津桜、80ページに写真）は、日本原産の栽培品種です。オオシマザクラとカンヒザクラの自然交雑から生まれた早咲きの桜としてよく知られています。

枝ものとして最もポピュラーなケイオウザクラと比べると花の色が濃く、春の訪れを鮮烈に伝えてくれるサクラと言えます。比較的まっすぐなケイオウザクラより、どちらかと言うとワイルドな枝ぶりが特徴でしょう。

１９５５年、静岡県賀茂郡河津町の河津川沿いで発見された原木が始まりとされ、74年に正式に「カワヅザクラ」と命名されました。

この原木は２００５年に河津町の天然記念物として指定され、現在もこの地に存在しています。ちなみに、原木の樹齢は約70年、樹高約10ｍ、幹周１１５㎝になっています。

花が咲くのは通常２～３月上旬で、ソメイヨシノよりも１か月ほど早く咲きます。オオシマザクラ由来の大きな花と、カンヒザクラ由来の鮮やかな色合いが特徴で、直径４～５㎝の大輪は紫紅色を帯びています。

河津町では約１か月かけてゆっくりと咲き進み、開花期間である毎年２月に「河津桜まつり」を開催しています。全国各地から多くの観光客が訪れる、早春の伊豆を代表するイベントになっています。

【タナシツツジ】花がゆっくりと咲いていく

タナシツツジ（田無躑躅、80ページに写真）の名前の「田無」は、東京都西東京市の田無地区に由来しますが、近年住宅が激増したため、ほぼ見られなくなりました。現在の主な生産地は埼玉県になっています。

その土地に根づいた歴史や美しさを感じさせるどこかのどかな枝ものです。鮮やかな赤色で小ぶりの花がたくさんついた姿は見る者を惹きつけます。

他の花木と同様に温室で開花調整が行われたのちに出荷しますが、いきなり高温の温室に入れると色がきれいに出ません。外気温プラス５度で時間をかけて促成すると、きれいな紅色に咲かせられるそうです。

街中や庭先でも見かけるツツジですが、枝ものとしての流通は比較的珍しく、花を愛でる機会は特別なものと言えるでしょう。

【ハナズオウ】
ハートの形の葉

ハナズオウ（花蘇芳、81ページに写真）の原産地は中国です。春になると赤紫色やピンク色の小花が枝にたくさん密集して咲き、その鮮やかな色合いは思わず目を惹きます。

花の色が、同じマメ科の熱帯スオウという植物でつくる染料「蘇《す》芳《おう》」に似ていることから「ハナズオウ」という名前がつけられたようです。

花言葉のひとつ「目覚め」は、春の訪れを告げるその華やかさに由来していると言われています。直線的な枝ぶりは飾りやすく、花の後には愛らしいハート形の葉が展開する様子も観賞しがいのある枝ものです。

流通時期は3〜4月に限られますが、日持ちがよく、水換えや切り戻しをこまめに行えば、長く楽しむことができます。

【シロバナマンサク】
珍しい白いポンポン

日本人にとっては、いち早く春の訪れを知らせてくれる黄色いポンポンのようなマンサクがなじみ深いですが、私は北アメリカ原産で白く可憐な姿のシロバナマンサク（81ページに写真）をおすすめしたい。花びらのように見える部分は実は雄しべです。

マンサクの名の由来は諸説あり、「まず咲く」「真っ先」が転じたという説、黄金色の花が多数咲くものもあり豊作を想起することから「万年豊作」に由来するという説、そして花がたくさん咲くので「満咲き」からとする説など多々あります。

日本の黄色いマンサクの開花時期は、その名のとおり2〜3月と早いですが、シロバナマンサクは4月頃です。枝ものの流通が少ない時期なのでとても重宝され、しかも他の花木に比べると花持ちがいい。ただし、流通量が少ないのがネックになっています。私はこの時期、この枝ものをいつも探し回っています。

カワヅザクラ［河津桜］

流通時期　2-3月
流通量　★☆☆☆☆
持ちのよさ　★★★☆☆

タナシツツジ［田無躑躅］

流通時期　3-4月
流通量　★★☆☆☆
持ちのよさ　★★★☆☆

ハナズオウ［花蘇芳］

流通時期　3-4月
流通量　★
持ちのよさ　★★★

SPRING

春
の枝もの

シロバナマンサク

流通時期　4月
流通量　★
持ちのよさ　★★★★

淡い新芽や茂る葉が、目に心地よい涼を届けてくれる

花ものメインの時期を過ぎた4月頃から、涼しげな緑を楽しめる葉ものが出回り始めます。6月頃までにかけて淡緑の新芽を楽しめる枝ものとしては、ヒメミズキ、キバデマリ、ウラジロギンバなどがあります。

涼やかな見た目の新芽は、いわば葉の赤ちゃんのようなものなので、強さがなくどうしても日持ちが短くなりがちです。少しでも長く楽しめるよう、こまめな水換えと切り戻しを忘れずに行うようにしましょう。水が上がりにくい場合は水揚げ促進剤の利用が有効です。

梅雨を過ぎる7月頃からは枝葉も強くなります。この時期の定番花材となるドウダンツツジやアセビは人工的な栽培が難しく、自然の森林から採取する山採りが中心。自然そのままの風景を暮らしに取り込むことができます。

【ビバーナム・スノーボール】
花の色が変化していく

ビバーナム・スノーボール（84ページに写真）は、ヨーロッパや北アフリカを原産地とします。球状の花と淡緑の葉姿のものが4〜5月頃に流通します。咲き始めの花は爽やかなライムグリーンで、徐々に名前のとおり雪のような白色に変化していきます。

花姿はオオデマリとよく似ていますが、見分けるポイントは葉の形。オオデマリの葉が厚みのある楕円形でギザギザしているのに対して、ビバーナム・スノーボー

ルは手のひらのような形の柔らかい葉です。

花言葉は、見た目のかわいらしさから「茶目っ気」、ウエディングによく使われることから「誓い」、花の色が変化していくことから「年齢を感じる」というユニークなものもあります。

新緑の時期は水が下がりやすいので、こまめに切り戻しをしましょう。茎を斜めにカットして、茎の中にある綿を鋏の先端などでかき出すように取り除くと水を吸い上げやすくなります。

【ライラック】
青春や初恋を象徴する花

ライラック（紫丁香花、84ページに写真）はヨーロッパ南東部原産です。ライラックが英名で、和名はムラサキハシドイ、フランス語ではリラと呼ばれます。

葉は細長いハート形、花は枝先に房のように集まって咲きます。花弁は通常4枚ですが5枚のものは「ラッキーライラック」と呼ばれ、誰にも知られずにこれを飲み込むと恋が実ると言われています。

開花時期は4〜5月頃。寒冷地でもよく育ちます。また、甘い香りも魅力的で、香料の世界ではバラ、ジャスミン、スズランと並んで四大フローラルとも呼ばれています。

「青春の喜び」や「恋の芽生え」という花言葉のとおり、若さや淡い恋心の象徴として世界中で愛されています。水が下がりやすいので、茎の綿や葉を取り除くのも効果的です。

【キバデマリ】
短期間で葉の色が変わる

キバデマリ（黄葉手鞠、84ページに写真）は、北アメリカ北東部原産で、新芽が展開し始める4月頃に流通し、花の時期はあまり出回りません。

名前の由来となっている黄緑色の葉は、時期や産地によって色合いは様々です。若い葉ほど黄色が鮮やかで、爽やかな印象を与えます。

花言葉のひとつ「努力」は、まっすぐ力強く伸びる枝と新緑の姿からも感じ取れるでしょう。花ではなく新芽が観賞の対象となる点がユニークです。

たくさん水を吸うので、水切れしないよう注意しましょう。

ビバーナム・スノーボール

流通時期　4-5月
流通量　★★★★★
持ちのよさ　★☆☆☆☆

ライラック
[紫丁香花]

流通時期　4-5月
流通量　★★★★☆
持ちのよさ　★☆☆☆☆

キバデマリ [黄葉手鞠]

流通時期　4月
流通量　★★★☆☆
持ちのよさ　★★☆☆☆

SUMMER
夏の枝もの

ウラジロギンバ［裏白銀葉］

流通時期　4月
流通量　★☆☆☆☆
持ちのよさ　★★★★☆

ウンリュウヤナギ［雲龍柳］

流通時期　5-12月
流通量　★★★★☆
持ちのよさ　★★★★★

【ウラジロギンバ】
枝ぶりがよく持ちもよい

ウラジロギンバ（裏白銀葉、85ページに写真）は、本州、四国、九州の山地に自生し、樹高は20ｍにも達します。葉の裏が白い綿毛に覆われており銀色がかっていることから名づけられました。細かな葉脈の凹凸、ギザギザした縁、淡い色合いの新緑の葉は、繊細な和菓子のような美しさがあります。

４月頃に出回りますが流通量が少なく、希少な枝ものです。かわいらしい新緑の葉と動きのある枝ぶりは飾りやすく、新緑の枝ものにしては日持ちもいい。飾っているうちに葉が大きく生長し、たくましさを感じられるのも魅力です。

【ウンリュウヤナギ】
枝ものらしい生命力

ウンリュウヤナギ（雲龍柳、85ページに写真）は、中国を原産地とし、雲間を昇る龍を思わせる形状が名前の由来です。

流通期間は５〜12月と長いのですが、その涼しげな姿から本書では夏の枝ものに分類しました。枝の色は夏までは涼やかな緑色、晩夏以降は茶色に変化していきます。遅い時期のものはドライにもしやすく、白や金に塗ったものはアレンジメントのアクセントや季節感の演出アイテムとしても重宝されます。

特に夏の時期は枝先の水が下がりやすいため、黒ずんだ部分があれば早めに取り除いてあげると枝全体を健康に保ちやすいです。環境になじめば新芽や根が次々に展開してくれて、強い生命力を感じられます。

生長の速さは、花言葉の「素早い対応」にも示されています。

【ヒメミズキ】
ハート形の愛らしい葉

ヒメミズキ（姫水木、88ページに写真）は別名ヒュウガミズキと呼ばれますが、日向（宮崎県）には自生せず、主に石川県から兵庫県の日本海沿岸の岩場に生えていることが多いです。

花姿でも出荷されますが、花が散った後の５〜６月頃に葉姿で流通されることが一般的です。ぽってりとしたハート型の愛らしい葉が特徴で、先端部分にある新芽が淡赤に色づいていることもあります。

横に広がる枝ぶりはワイルドさもあり、繊細な色合いとの対比を楽しめます。葉や花の形がよく似た「トサミズキ」に比べて小ぶりなことから、小さくかわいらしいものを指す「ヒメ」という接頭語がついたという説があります。

【アジサイ】
土壌の酸性度で色が変化

アジサイ（紫陽花、88ページに写真）といえば梅雨。流通のピークとなる5～7月には、どんよりした雨模様にも映える青、紫、ピンクなどの鮮やかな色が人々の目を楽しませます。栽培された土壌の酸性度によって花の色が変化し、酸性では青、アルカリ性では赤が鮮やかに発色します。

日本に自生する「ガクアジサイ」がヨーロッパで品種改良され、「西洋アジサイ」として逆輸入されたという歴史も興味深いです。

「家族」「団欒」という花言葉から、母の日のギフトとしても人気があります。色ごとに異なる花言葉もあり、青や紫は「辛抱強い愛情」「知的」「神秘的」、ピンクは「元気な女性」「強い愛情」、白は「寛容」です。

水揚げが難しいため、切り口を叩いて繊維をほぐしたり、茎の中の綿を取り除くといいでしょう。水揚げ促進剤も有効です。

【スモークツリー】
ふわふわ立ち上る煙のよう

スモークツリー（煙の木、88ページに写真）は、初夏に煙のようにふわふわした特徴的な花を咲かせます。流通の最盛期は6月頃で、ルビー、グリーン、ホワイトなど多彩な色があります。

蒸散しやすい葉は、気になるようならこまめに取り除きましょう。樹液が肌に触れるとかぶれる場合もあるので切り戻し時には注意してください。

水が下がりやすく、流通段階ですでにドライ気味になることもありますが、自然乾燥でも美しい姿を保ちます。

花言葉は、相手を煙に巻くという意味から「賢明」というものがある一方、密集した花姿から「賑やかな家庭」というものもあり、ジューンブライドのブーケや装花にもよく使われます。

アジサイ［紫陽花］

流通時期　5-7 月
流通量　★★★★★
持ちのよさ　★☆☆☆☆

ヒメミズキ［姫水木］

流通時期　5-6 月
流通量　★★★☆☆
持ちのよさ　★★★☆☆

スモークツリー［煙の木］

流通時期　5-7 月
流通量　★★★★☆
持ちのよさ　★★★☆☆

ブルーベリー 紅葉前

流通時期　5-7 月
流通量　★★★★☆
持ちのよさ　★★★☆☆

ナツハゼ ［夏櫨］

流通時期　5-8 月
流通量　★★☆☆☆
持ちのよさ　★★★☆☆

【ブルーベリー 紅葉前】
花言葉は実りのある人生

ブルーベリー 紅葉前（89ページに写真）は、北アメリカ原産で初夏から晩夏にかけて丸い果実を実らせます。花言葉のひとつ「実りのある人生」はまさにこうした姿からつけられたと言えるでしょう。

5〜7月頃には葉と実が共存する珍しい枝ものとして人気があり、流通量も豊富です。

初夏の緑色の実はナチュラルな印象で、晩夏の青紫色の実は少しシックな印象も加わります。環境になじめば、こうした実の色がゆっくりと変化していく様子を楽しめます。

SiKiTOのお客さまの中に「ブルーベリーの枝ものは鑑賞にもいいし、実も美味しくて一石二鳥！」とおっしゃる方がおられました。

ただ、枝ものは食用栽培品ではありません。使われている薬剤や、輸送中の衛生面も食用とは異なるので、くれぐれも口に入れないでください。

【ナツハゼ】
ワイルドな姿が人気

ナツハゼ（夏櫨、89ページに写真）は、日本や朝鮮半島、中国の山地や丘陵地に自生しています。春から初夏にかけてハゼノキのように紅葉することが名前の由来です。

ナツハゼには2種類あり、ゴスケハゼと呼ばれる種類もあります。関西ではナツハゼと言う場合、ゴスケハゼを指すことが多いそうです。

5〜8月頃までの流通期間のなかで、緑の新葉から紅みを帯びた紅葉、そして秋にかけて実る黒い実といった多彩な表情が楽しめます。

品種としてはブルーベリーの仲間となり、「日本ブルーベリー」の名前で呼ばれることもあります。

畑で栽培されるものもあれば、森林から山採りされることもあり、特に山採りのものは野趣あふれるワイルドな枝ぶりが魅力的です。市場に行くと、2mを超える大迫力のものを見かけることがあります。

夏の枝ものの中でも水をよく吸うので、こまめに水を換えてあげましょう。

【ドウダンツツジ】
枝ものの代名詞的存在

ドウダンツツジ（灯台躑躅、92ページに写真）は、日本や台湾を原産地とします。枝分かれの形が宮中行事などにも使われた「結び灯台」の脚部に似ていることから、「灯台」が転じて「ドウダン」という名がついたと言われています。

5〜9月頃にかけて流通し、かわいらしい小葉や清涼感のある姿は夏のインテリアとして非常に人気があります。環境になじむと、新芽を次々に展開する生命力の強さもあり、適切にお手入れをすることで長く楽しむことができます。

ちなみに、ドウダンツツジは複数種あり、やわらかい小葉が人気の枝ものとして流通しているのはアブラツツジという品種だそうです。庭木などで流通しているドウダンツツジはもっと葉が固く、異なる品種になります。

木漏れ日が差し込む自然の森林の中で育つことで観賞用にふさわしい枝ぶりになるため、人工的な栽培が難しく、1mの大きさに生長するまで10年前後かかる貴重な枝ものです。

流通量は多いのですが、それを上回る人気ぶりからここ数年価格が上昇しています（138ページ〜に関連した話があります）。

【テマリシモツケ・ディアボロ】
空間をシックに彩る

テマリシモツケ・ディアボロ（93ページに写真）は、北アメリカを原産地とする「アメリカテマリシモツケ」の園芸品種で、流通時期は7〜10月頃です。水が下がりやすいのでこまめに切り戻しを行いましょう。

ディアボロとはイタリア語で悪魔の意味。特徴的な赤黒い葉は新緑の時期に濃いワインレッドへと変化し、空間をエレガントに彩ります。

春の終わりには、コデマリに似た小花が半球状に集まって可憐に咲き、その後、深い赤色の実に変わります。テマリシモツケの花は2年目の枝にしかつかないそうです。流通しているものも実つきと実がついていないものがありますが、この実がついたディアボロのほうが特に美しくおすすめです。

ドウダンツツジ ［灯台躑躅］

流通時期　5-9月
流通量　★★★★★
持ちのよさ　★★★★★

テマリシモツケ・ディアボロ

流通時期 7-10月
流通量 ★★★★
持ちのよさ ★★☆☆☆

ロシアンオリーブ

流通時期 6-11月
流通量 ★★★★★
持ちのよさ ★★☆☆☆

【ロシアンオリーブ】
乾燥や寒さによく耐える

ロシアンオリーブ（93ページに写真）は、中央アジアの乾燥地帯を原産とする植物です。

葉の形がオリーブに似ていることから名づけられましたが、グミの仲間で、ロシアゆかりの植物ではありません。常緑樹のオリーブと異なり、寒い地域では落葉します。

乾燥や寒さによく耐え、生長が早いことでも知られており、その強靭な生命力からタマリスクやコトカケヤナギと並んで「砂漠の三英雄」と称されています。

銀白色の葉色としなやかな枝ぶりが特徴的で、アレンジメントや庭木としても高い人気を誇っています。春には芳香のある黄色がかった白い花が咲き、秋には赤い実がなります。

枝ものとして流通するのは6～11月頃。ドライにすると葉裏の白さが際立ちます。水下がりしやすい新葉は、状態に合わせてカットしましょう。まれに棘《とげ》があるので、取り扱いにはご注意ください。

【アセビ】
猛暑に負けない常緑樹

アセビ（馬酔木、96ページに写真）は、万葉集にも登場し、日本人に古くから親しまれてきました。白い花が鈴なりに並ぶ姿から「清純な心」という花言葉を持ちます。

葉や実にはグラヤノトキシンやクエルセチンなどの有毒成分が含まれ、アセビを食した馬が酔ったようにふらつくことから「馬酔木」と書きます。手で触れる分には心配ありませんが、小さなお子さんやペットが誤食しないよう注意が必要です。

日本全国に自生していますが、葉が小さく鑑賞用として人気があるアセビは奈良・和歌山・三重あたりの森林に群生していると言われ、花き業界ではその地域で山採りされたものが多く流通されています。

葉が柔らかく赤みを帯びた新芽が緑色になって固くなる7月頃に出荷が始まります。その後の流通時期は長く、翌年3月頃まで出回ります。

枝もののなかでも指折りの日持ちのよさで、環境にうまく適応すれば3か月以上楽しめることもあります。

SiKiTOの枝もの定期便でも夏の定番ですが、まだアセビが元気だからと次のお届けのスキップが続出することがあり、私としてはちょっと困りものです。

【セッカヤナギ】
1本ごとに異なる表情

セッカヤナギ（石化柳、97ページに写真）は、オノエヤナギ（尾上柳）の枝が石化した日本原産の枝ものです。別名をジャリュウヤナギ（蛇竜柳）とも言います。

石化は帯化ともいい、枝が帯状に平たく変形する現象を指し、こうした力強い存在感がこの枝ものの魅力になっています。

有機的に曲がりくねった形状のものもあれば、直線的にまっすぐ伸びるものもあり、1本ずつ異なる表情は生け花やアレンジメントのアクセントとして広く愛用されています。

無骨で力強い存在感は、花器に生けると空間をぐっと引きしめてくれます。

流通時期は8〜12月頃で、昔から生け花ではよく使われる枝ものです。日持ちもよいので長く楽しむことができます。環境になじんで根や芽を伸ばす姿はとても愛しいものです。

強さを感じる姿から、花言葉は「たくましさ」と「あなたのために生きる」。

【ヒペリカム 実】
色とりどりの夏の実もの

ヒペリカム 実（金糸梅、97ページに写真）は、中央アジアから地中海沿岸原産の植物です。名前は、金色の長い雄しべとウメに似た形の花に由来しています。

初夏に鮮やかな黄金色の花が咲く様子はとても華やかですが、枝ものとしては晩夏の頃からツヤツヤした実をつけたものが流通します。

国産のヒペリカムの実の色は赤がほとんどで、枝ぶりがよく実がぎっしりついています。近年はエクアドルやエチオピアといった地域で栽培された輸入品も増えており、ピンク、オレンジ、グリーン、白など様々な色の品種が流通しています。

花言葉は「きらめき」「太陽の輝き」。光を反射しているかのような花姿が由来です。

SUMMER

夏の枝もの

アセビ［馬酔木］

流通時期	7-3 月
流通量	★★★★★
持ちのよさ	★★★★★

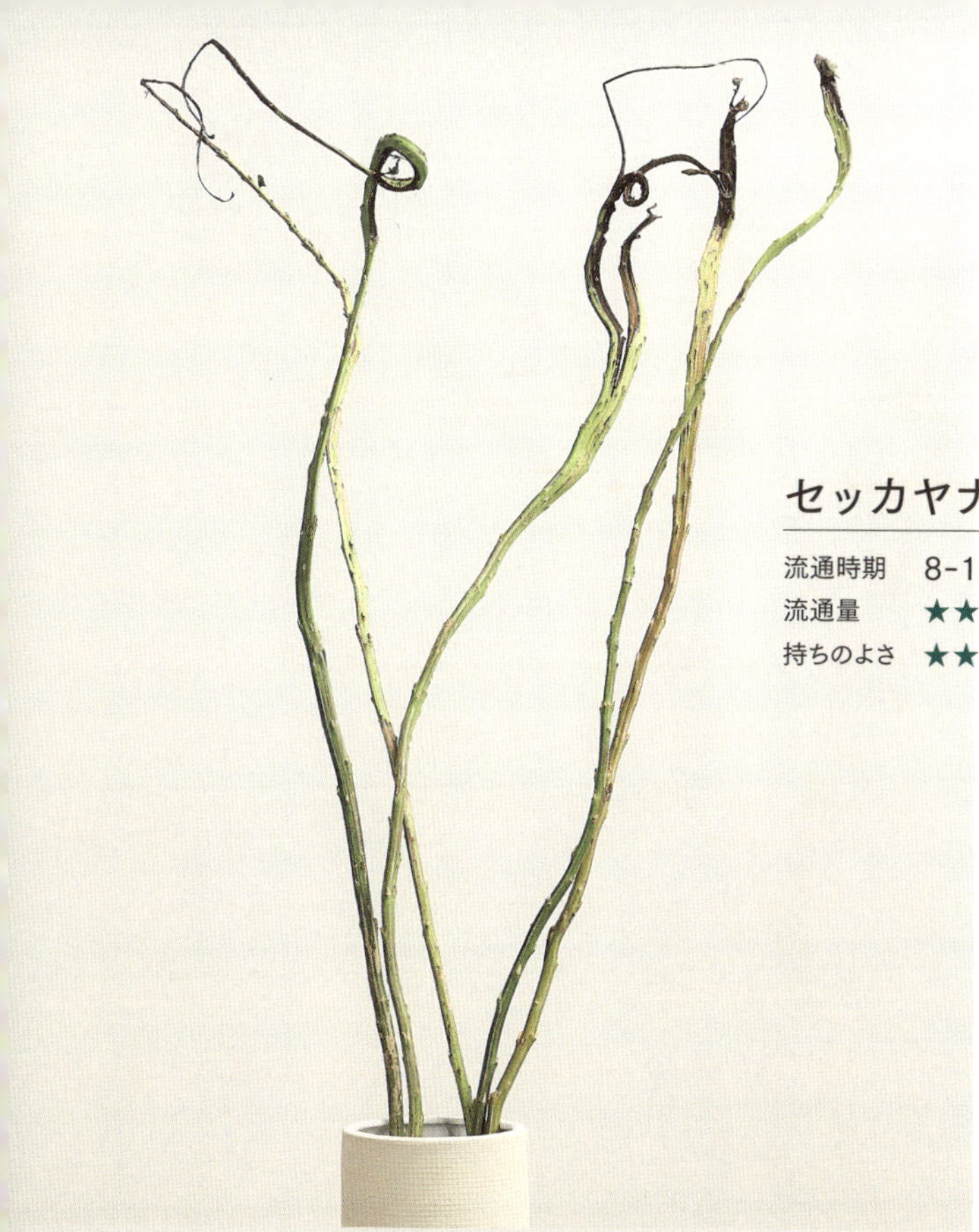

セッカヤナギ ［石化柳］

流通時期　8-12月
流通量　★★★☆☆
持ちのよさ　★★★★★

ヒペリカム 実
［金糸梅］

流通時期　7-8月
流通量　★★★★★
持ちのよさ　★★★☆☆

紅く染まった葉や膨らんだ実が、秋の訪れを告げる

美しい紅葉やかわいらしい実がついた枝ものを楽しめるのが秋です。

紅葉は1日の最低気温が8度以下になると始まり、5〜6度以下になるとさらに進むと言われています。

神秘的で美しい色変化ですが、紅葉は散る直前の姿です。葉がたくさん落ちるのでお掃除は少し大変ですが、それもまた自然のありのままの姿の魅力と言えるでしょう。

なお、実がついた枝ものはあくまでも鑑賞用であり、果実はいずれも食用ではありません。お子さんやペットが口に入れないよう注意してください。

【キリ】軽く乾燥しやすい枝もの

キリ（桐、100ページに写真）は、ベルベットのような質感の茶色い蕾（実に見えるかもしれませんが、蕾です）をたくさんつける、もっとも秋らしい枝ものと言えます。

秋についた蕾は、翌年の初夏に薄紫色の花を咲かせます。花のあとには実も形成されますが、翌年の花芽《はなめ》と実が同時に存在するという、とても珍しい性質を持っています。

中国を原産地とし、日本では古くから家具や楽器などに使われてきました。500円硬貨にも描かれるなど、日本の文化に深く根づいています。

キリは日本に自生する樹木のな

かで最も軽く、立派な枝ぶりのものでも、手に持ってみるとその軽さに驚きます。

　また、そのままの姿でドライにもなるので、長く楽しむことができます。

【スズバラ】
流通は短く、希少性が高い

　スズバラ（鈴薔薇、１００ページに写真）として流通している枝ものは「よしのスズバラ」という品種で、そのほとんどが北海道産になります。

　北海道の吉野さんという方が友人から見慣れないバラの幼木をもらい、自宅に植えたことに端を発するそうです。鈴なりに並んだアーモンド形の実が、秋らしさを感じさせてくれます。

　9月頃に出回る秋らしい実の枝ものですが、流通期間が短く、産地の高齢化から生産量も減少しているため、お店で見かけたら幸運です。

　数ある枝ものの中でも特に棘が多く、ＳｉＫｉＴＯの現場では厚手のグローブを装着して慎重に棘を取り除く作業をしていますが、それでも棘が残ることがあります。お手入れの際は、お気をつけください。

　花言葉は「愛情」や「喜びと苦しみ」などがあります。

【バラの実】
枝先に集まる実が活躍

　バラの実（１０１ページに写真）は、ローズヒップとも呼ばれます。ヒップはお尻のことではなく、「バラの果実」を意味する単語です。

　枝ものとしては、小さな赤い実が特徴のセンセーショナルファンタジーや、実のサイズが大きくオレンジ色のローズヒップパンプキンなど、いくつかの品種があります。

　流通時期は9〜10月頃です。寒暖差があるほど実の色が鮮やかになるといわれ、出始めの淡いオレンジ色から徐々に赤く色づいていきます。

　実が枝先に集まっているので花器に生けるとメリハリのあるシルエットにまとまり、リースやスワッグにも使いやすい花材です。ドライにしても鮮やかな赤が残るため、クリスマス時期の飾りにもよく使われます。

AUTUMN

秋の枝もの

キリ［桐］

流通時期　11-12月

流通量　★

持ちのよさ　★★★★★

スズバラ［鈴薔薇］

流通時期　9月

流通量　★★

持ちのよさ　★★★

バラの実

流通時期　9-10 月
流通量　★★☆☆☆
持ちのよさ　★★★★☆

トウガラシ・カメレオン

流通時期　9-10 月
流通量　★★☆☆☆
持ちのよさ　★★★☆☆

ソラナム・パンプキン

流通時期　10 月
流通量　★★☆☆☆
持ちのよさ　★★★☆☆

【トウガラシ・カメレオン】まるでお菓子のような実

トウガラシ・カメレオン（１０１ページに写真）は、名前のとおり１本の枝にクリーム、黄、緑、オレンジ、赤、紫とカラフルな実がなるユニークな品種です。まるでお菓子やオモチャのような存在感。「レインボーツリー」と呼ばれることもあります。

観賞用トウガラシの総称である「コニカル」として流通することも。原産地は熱帯アメリカで、９〜10月頃のハロウィンシーズンに特に人気があります。もともとは葉がついていますが、農家さんが葉を取って流通されることが多いです。

花言葉のひとつ「旧友」は、トウガラシが古くから親しまれてきたことからついたものです。またもうひとつの「嫉妬」は、緑色から真っ赤に変化する実の色合いが嫉妬に燃えているかのように見えるのが由来と言われています。

なお、ナス科であり草本性なので、正確な定義上は枝ものではありません。

【ソラナム・パンプキン】ハロウィン時期に飾りたい

ソラナム・パンプキン（１０１ページに写真）は、見た目はどうみても小さなカボチャのようですが、ナス科の植物。鑑賞用として葉を落とした姿で10月頃に流通します。栽培現場では実の色が緑色からオレンジ色へと変化し、よい色づきになってきた段階で出荷されます。

ハロウィンシーズンにぴったりのミニカボチャは直径１・５〜５㎝ほど。表面はツヤツヤとし比較的硬いので、ジャック・オー・ランタンを描くのも楽しそう。

日持ちはよく、長ければ１か月程度飾れることも。実が重いので落ちてしまうこともありますが、落ちてしまった実をテーブルなどに置くだけでもかわいらしい季節の飾りになります。

茎は水に浸かり続けると傷みやすいため、こまめに切り戻しをしましょう。

なお、こちらも草本性であり定義上は枝もの（木本性）ではありませんが、ＳｉＫｉＴＯの枝もの定期便ではユーカリなどと組み合わせてお届けしています。

【ナナカマド】
うつむき加減に実をつける

ナナカマド（七竈、104ページに写真）は、北海道から九州にかけての山地に自生しています。名前の由来は「燃えにくく、七度竈《かまど》にくべても燃え残る」という説が知られています。

夏には枝先に白い小花が集まって咲き、その後にはうつむき加減の可憐な実がなります。実の色は緑からオレンジ、そして赤へと変化し、紅葉も楽しめるため、街路樹や庭木としても人気があります。

4〜5月頃にはかわいらしい小さな新芽の姿で流通し、9〜10月頃には秋の到来を感じさせてくれる実もののひとつとして流通します。

組織が緻密で硬いため炭の原材料にもなり、ナナカマドの炭は極上品として珍重されています。ツグミなどの小鳥が実を食べに集まることからフランスでは「ツグミの木」と呼ばれています。

【ノバラ】
古今東西の文化に影響

ノバラ（野茨・野薔薇、104ページに写真）は日本各地の山野に広く自生しており、ノイバラと呼ばれることもあります。5〜6月頃に白い花を咲かせ、秋には直径1cmぐらいの丸い赤がなります。

枝ものとしては、9〜11月頃にかけて実姿で流通されます。この実は花のガクの下にある筒の部分が膨らんだ偽果《ぎか》と呼ばれるもので、色はグリーンから少しずつオレンジ色に変化し、やがて真っ赤になります。ドライにすると表面にシワが入り、少し色がくすんでアンティークのような風合いが生まれます。

スワッグやリースなどにもよく使われます。近年、栽培の工夫によって棘がないものが流通するようになりましたが、まれに残っているので、注意しましょう。

ナチュラルな姿から「素朴な愛らしさ」や「純朴な美しさ」といった花言葉で親しまれ、日本では『風土記』や『万葉集』など古い書物にも登場するほか、ヨーロッパでもシューベルトがゲーテの詩に曲をつけ、「野ばら」という名曲を遺しています。

ナナカマド ［七竈］

流通時期　9-10月
流通量　★★☆☆☆
持ちのよさ　★★★☆☆

ノバラ ［野茨・野薔薇］

流通時期　9-11月
流通量　★★★★☆
持ちのよさ　★★★★☆

パンパスグラス［白銀葦］

流通時期　9-11月
流通量　★★★★☆
持ちのよさ　―（ドライ）

セイヨウウメモドキ［西洋梅擬］

流通時期　10-12月
流通量　★★☆☆☆
持ちのよさ　★★★★☆

【パンパスグラス】
水に挿さずにそのまま

　パンパスグラス（白銀葦、105ページに写真）の名は、広大な草原地帯「パンパス」に生育することに由来し、和名は「シロガネヨシ」。2m以上にまで生長し、晩夏から秋にかけてふわふわの花《か》穂《すい》をつけます。その大きさと見た目から「お化けススキ」と呼ばれることも。南アメリカが原産です。

　農家さんが天日干しをして、ドライにした状態で9～11月頃に流通します。シーズンの前半に出回る早世《わせ》は穂がスッとスマートに伸び、晩生《おくて》はふんわりと広がるシルエット。ちょっとした風にやさしく揺れる様子に思わず癒されます。

　花言葉は、秋の光に輝く姿から「光輝」、壮大なビジュアルから「雄大な愛」といったものがあります。こちらも草本性です。

【セイヨウウメモドキ】
枝ぶりがウメに似ている

　セイヨウウメモドキ（西洋梅擬、105ページに写真）は日本や中国原産のウメモドキをもとに改良され、北米などでも流通している品種です。

「梅擬」は、葉や枝ぶりがウメに似ていることが由来ですが、ウメの仲間ではなくモチノキ科。6月頃に淡紫色の小花を咲かせますが、主に鑑賞されるのは実が色づく秋です。

　鮮やかな赤い実のマジカルベリーやオレンジの実がつくゴールデンバブームといった品種が10～12月頃にかけて出回り、生け花などでも利用されます。枝にびっしりとついた実は比較的落ちにくく、お手入れも容易です。

　実には発芽抑制物質が含まれているため、簡単には発芽しません。鳥が実を食べ、その体内を経由することで排泄された種子が発芽できるようになります。この繁殖の仕組みから花言葉が「知恵」になりました。

【メラレウカ】
柔らかくしなやかな葉

　メラレウカ（108ページに写真）は、「ティーツリー」という名でも知られるオーストラリア原産の枝ものです。

その由来は、イギリスの探検家キャプテン・クックがこの葉をお茶として飲んだからというものです。

メラレウカの葉には殺菌作用があり、オーストラリアの先住民が万能薬として使用していました。キャプテン・クックが彼らからティーツリーを入手し、ヨーロッパに紹介したと言われています。

先端が赤いレッドジェムや、鮮やかな黄緑色がまぶしいレボリューションゴールドといった品種があり、９〜12月頃に出回ります。

爽やかな香りがあり、広がる枝にしなやかな葉がたくさんつく様子は美しくとても人気ですが、水が下がりやすく日持ちは比較的短めです。

【ヒペリカム 紅葉】
紅く染まっていく様を楽しめる

ヒペリカム 紅葉（108ページに写真）は、中央アジアから地中海沿岸原産です。実ものとして人気のヒペリカムが11月頃の初冬に紅葉したものとなります。黄緑色の葉が日に日に紅く染まっていく様子が楽しめます。

紅葉は散る直前の姿であるだけに、乾燥しやすく葉が落ちやすい性質があります。日持ちはあまりよくありません。

花言葉「きらめき」は、光沢のある実や輝くような花の姿に由来しており、もうひとつの花言葉である「悲しみは続かない」は、花が散った後すぐに実をなす様子にちなんでいます。

【ユキヤナギ 紅葉染め】
一足早く秋の風情を届ける

ユキヤナギ 紅葉染め（雪柳、109ページに写真）は、秋の風情を演出する人気の枝ものです。春には白い小花を咲かせるユキヤナギは、夏から秋にかけては葉姿でも流通します。特に晩夏頃には葉を紅く染めた枝ものが流通します。

細くて柔らかい枝ぶりは、いろいろな幅広い花材と合わせやすく、アレンジメントや装飾に重宝されています。ヤナギに似た流線形の葉が互い違いにたくさんついています。

紅葉染めの流通時期は９〜11月頃で、春の開花期と同様、流通量も豊富です。

メラレウカ

流通時期　9-12月
流通量　★★★☆☆
持ちのよさ　★★☆☆☆

ヒペリカム 紅葉

流通時期　9-11月
流通量　★★☆☆☆
持ちのよさ　★★☆☆☆

ユキヤナギ 紅葉染め [雪柳]

流通時期　9-11月
流通量　★★★★☆
持ちのよさ　★★★☆☆

【シンフォリカルポス】美しさを長く楽しめる

シンフォリカルポス（雪晃木、112ページに写真）は、北アメリカを原産とする植物です。初夏にスズランのような小さな花を咲かせ、9〜10月頃にかけて、枝先にたわわに実をつけたものが流通します。

明治期にヨーロッパから日本に伝わり、昭和50年代に入ってから本格的に普及しました。いくつもの品種があり、現在でも改良が続いています。

明るい紫色の実が魅力的な「チハヤパープル」は、シンフォリカルポスの原種のひとつで晩生品種。びっしりとついた実と垂れ下がった枝ぶりが特徴的で、実もほとんど落ちません。

ドライにしても美しさを保つことができ、長い期間をともに過ごせます。

また、「ホワイトヘッジ」や「マジカルアバランチェ」などの白い実のシンフォリカルポスも人気ですが、こちらは少し実が柔らかくて落ちやすく、摩擦で茶色く変色してしまうため、ていねいに扱う必要があります。

花言葉は「いつまでも献身的に」。観賞期間が長く、手入れをしながら季節の移ろいを楽しめることを表しています。

【フェイジョア】晩秋に貴重なグリーン

フェイジョア（113ページに写真）の原産地は南米のウルグアイやブラジル南部です。昭和初期に日本へ渡来し、どことなくエキゾチックな雰囲気が全体にあります。晩秋の時期に貴重なグリーン素材として10〜1月頃に流通します。

コインサイズの楕円形の葉は表が深緑色、裏には白いうぶ毛が生えておりコントラストが楽しめます。

フェイジョアのみで飾ってもよいですし、この時期にたくさん流通する実がついた枝ものなどと組み合わせるのも素敵です。

水が下がりやすいので、こまめな切り戻しをしたほうがいいでしょう。

ニュージーランドなどでは盛んに栽培されており、果実は生食だけでなくジャムや果実酒、果肉を乾燥させてお茶などに加工されています。

花言葉は「実りある人生」「情熱に燃える心」「満ち足りた」「豊穣」です。

【ベニスモモ】
秋が深まりブロンズ色に

ベニスモモ（紅李・紅酸桃、113ページに写真）は、中国原産の耐寒性に優れた植物です。漢字で「紅李」「紅酸桃」とも書きます。葉ははじめから赤紫色で、カラーリーフとして根強い人気があります。

秋が深まるにつれてブロンズ色の深みを増し、秋らしい枝もののひとつとして流通します。その鮮やかな葉色や、無造作に生けてもバランスよくまとまる枝ぶりが楽しめます。

また、アレンジにもおすすめです。うまく使えば、ちょっとシックな大人の雰囲気が演出できるでしょう。

乾燥に弱く、水も下がりやすいので、日光やエアコンの風が当たらない場所に置くことをおすすめします。また、こまめな切り戻しや切り込みをして水を吸い上げやすくしましょう。

紅葉ものなので、どうしても葉が落ちます。こまめなお掃除が必要です。

【ブルーベリー　紅葉後】
紅葉してもつやがある

ブルーベリー　紅葉後（113ページに写真）は、アメリカやカナダを原産とします。夏の実姿が知られていますが、秋には紅葉を楽しめる枝ものとして流通します。

この姿で出回るのは10～11月の終わり頃まで。乾燥に弱く葉が落ちやすいのは他の紅葉ものと同じですが、紅葉してもなお、つやのある葉が美しく、他にはない存在感があります。

花が咲き、実が収穫でき、紅葉もきれいな品種は、四季折々に楽しめる、人気のある枝ものです。また、枝が横に広がっているなど枝ぶりがよいものが多い点も特徴です。

花言葉「実りある人生」「思いやり」は、ブルーベリーが多くの実をつけることや、実に含まれるアントシアニンが目の疲れを癒してくれることが由来とされています。

シンフォリカルポス［雪晃木］

流通時期　9-10月
流通量　★★☆☆☆
持ちのよさ　★★★☆☆

ベニスモモ ［紅李・紅酸桃］

流通時期　9-11月
流通量　★★★☆☆
持ちのよさ　★★☆☆☆

フェイジョア

流通時期　10-1月
流通量　★★★★☆
持ちのよさ　★★★☆☆

ブルーベリー 紅葉後

流通時期　9-11月
流通量　★★
持ちのよさ　★★★

年末年始の季節行事の演出や、縁起担ぎに欠かせない

落葉樹が葉を落とす冬、枝ものは常緑樹のユーカリやスギ、マツなどが中心となります。

　また、イベントが多い時期でもあり、クリスマスにはモミの木やヒバなど、お正月にはナンテンやマツなどの枝ものが季節行事を彩ってくれます。

　枝全体を白く塗った白塗り枝や紅白の餅をつけたお正月の縁起物の花餅《はなもち》は、葉が落ちたヤナギやツツジなどの裸の枝を活用したものです。花や葉が少ない冬にも枝ものを楽しもうとする工夫が面白いです。

【白塗り枝】
薄雪をかぶったように白い

　白塗り枝（１１６ページに写真）とは、葉が落ちたヤマツツジやケヤキ、シラカバなどの裸の枝を白くペイントしたもの。クリスマスシーズンにオーナメントを飾りつければホワイトクリスマス気分に。

　ちなみに塗り枝は白だけでなく、金や銀でウンリュウヤナギなどを塗ったものもあり、そちらはマツやナンテンなどと組み合わせれば、お正月の飾りにぴったりです。

　いずれもドライなので水に生ける必要はなく、そのまま花器に飾ることができます。

【ヤドリギ】
樹木に半寄生する枝もの

　ヤドリギ（宿り木、１１６ページに写真、64ページにはコラムがあります）は、主に東アジア、ヨー

ロッパ、西アジアに分布し、日本でも北海道から九州にかけて見られます。地面に根を張るのではなく、樹木の枝に寄生して生育し、自らも光合成を行う半寄生植物です。

11～12月頃にかけて白や淡黄色の実をつけ、冬には落葉した宿主の枝の間にこんもりした丸い緑の姿が浮かび上がり、街中で見つけられることもあります。その不思議な姿は世界中で神聖視されています。

規則的に枝分かれするヤドリギは、数本ラフに束ねるだけで手軽におしゃれなスワッグとなってくれます。

ヨーロッパにはロマンチックな伝説がいくつもあり、魔除けとしてもよく知られています。

【花餅】
雪国の知恵から生まれた

花餅（117ページに写真）は、江戸時代頃から日本のお正月飾りとして愛されてきた縁起物の枝ものです。葉が落ちたヤナギやエノキ、ヌルデといった裸の枝に、紅白の餅を手作業で巻きつけてつくられます。

一説には、冬に花が咲かない雪国で紅白の梅の代わりに飾られたことが発祥だとか。お正月や小正月に飾り、豊作や幸福を祈願します。

特に「なみだ」と呼ばれる花餅は、小粒のお餅がちりばめられたかわいらしい見た目が特徴です。

正月飾りなので流通するのは12月中旬以降の短期間です。

【マツ】
神を待つ、神聖な常緑樹

マツ（松、117ページに写真）は、日本をはじめとする北半球の寒帯から亜熱帯に広く分布しています。年中青々とした葉が茂る様子から「永遠の命」の象徴とされる縁起物。お正月に飾る門松には「神様を待つ」という意味もあります。黒松、赤松、五葉松、大王松などの種類があり、仕立て方によっても呼び方は様々です。

根がついたまま流通する「根引松」は「根づく」「成長し続ける」という願いを込めて親しまれています。

毎年12月には各市場で年に一度の松だけの競《せ》り「松市《まついち》」が行われ、一斉に大量の松が流通します。

白塗り枝

流通時期　11-12月

流通量　★★☆☆☆

持ちのよさ　ー（ドライ）

ヤドリギ［宿り木］

流通時期　11-12月

流通量　★★☆☆☆

持ちのよさ　★★★★★

花餅

流通時期　12月
流通量　★★☆☆☆
持ちのよさ　ー（ドライ）

マツ［松］

流通時期　12月
流通量　★★★★★
持ちのよさ　★★★★★

【アオモジ】
別名は「卒業花」

アオモジ（青文字、１２０ページに写真）は、日本では主に西日本を中心に自生しています。枝一面に青い粒をつけた愛らしい姿のものが、年末〜2月頃にかけて出回ります。

この丸い粒は実にみえるかもしれませんが、蕾です。開花が近づくと青緑色から黄緑色に変化し、葉である苞《ほう》がはじけて小さな淡黄色の花が咲きます。

また、ひとつの蕾のなかから複数の花が咲くというユニークな特徴があります。環境になじめば、蕾から花の開花まで楽しめることもあります。雄雌異株なので、雌の木と雄の木があり、蕾の状態で流通するのはたいてい雄の木です。

卒業式シーズンの3月に花が咲くことから「卒業花」という別名があります。また、たくさんの花が集まって咲く様子から「友人が多い」という花言葉も持っています。

蕾や花は柑橘系の香りが漂います。果実から抽出される精油の香りはレモングラスに似ていて、メイチャンやリッツェアクベバと呼ばれます。枝ものとして生けている状態ではほとんど香りはしませんが、試しに蕾をつぶしてみると、さわやかな香りが広がります。

【ユーカリ・グニ】
清涼感ある香りが広がる

ユーカリ・グニ（１２０ページに写真）は、５００種類以上あるユーカリの中でも定番人気品種のひとつです。

大地に根を深く張り、水を吸い上げる力が強いため、生長が早い早生樹の高木としても知られており、原産地のオーストラリアやタスマニアでは20mを超える大木になることも。

シルバーがかった丸い小葉からは清涼感のある香りも楽しめます。コアラは香りが強いユーカリが苦手なため、ユーカリ・グニは食べないそうです。

扱いやすい形はリースやスワッグにもよく使われ、庭木としても人気です。枝ものとしては単品で飾ってもいいですし、実ものなどと組み合わせるのも素敵だと思います。

流通時期は9月から冬をまたいで4月までと長く、流通量も豊富です。葉や枝の色は時期により変化し、冬の寒さにあたったものはブロンズ色を帯びることもあります。

新芽時期となる初秋は葉が柔らかく、水が下がりやすいのでこまめな水揚げや先端カットなどのお手入れが必要です。

【ユーカリ・ポポラス】葉の形は個々で異なる

ユーカリ・ポポラス（121ページに写真）は、オーストラリア原産で、丸型やハート型をしたかわいらしい葉が人気の枝ものです。

葉を楽しむものをポポラス・リーフ、蕾がついた状態のものはポポラス・ベリーの名前で流通します。

やわらかな印象を与えてくれるシルバーグリーンの葉は、庭のシンボルツリーとしてもよく利用されます。

流通時期は9～12月頃で、スワッグやリースにアレンジするのにも適しています。葉の形は枝によってそれぞれ異なるので、お花屋さんで選ぶ際にはよく見比べてみましょう。

【ヤシャブシ】古くから染料に使われる

ヤシャブシ（夜叉五倍子、121ページに写真）は、枝のところどころに小さな松ぼっくりのような実をつける日本固有種です。西日本を中心に自生しています。

秋冬らしい雰囲気があり、実をつけた枝が11～12月頃に出回ります。

単体で飾ってもよいですし、ユーカリやフェイジョアなどの葉ものと組み合わせるのもおしゃれでしょう。そのままドライにもなるので、冬の終わりまで長く楽しめます。

秋から冬にかけて緑から茶褐色へと変化する実にはタンニンが多く含まれており、古くからお歯黒や黒色染料の原料として利用されてきたので「オハグロノキ」とも呼ばれます。

実を煮だしてつくる古色液は能面の古びを表現する際に使われるなど、日本の伝統文化と深い結びつきを持っている枝ものと言えます。

WINTER

冬の枝もの

アオモジ ［青文字］

流通時期　12-2月

流通量　★★★★☆

持ちのよさ　★★★☆☆

ユーカリ・グニ

流通時期　9-4月

流通量　★★★★★

持ちのよさ　★★★☆☆

ユーカリ・ポポラス

流通時期　9-12月
流通量　★★★★☆
持ちのよさ　★★★☆☆

ヤシャブシ ［夜叉五倍子］

流通時期　11-12月
流通量　★☆☆☆☆
持ちのよさ　★★★★★

【ナンテン】
難を転じる、お正月の定番

ナンテン（南天、１２４ページに写真）の名は「難を転ずる」に通じることから、古くから縁起木として親しまれています。

原産地は中国。日本では茨城県以西の本州や四国、九州などに多く分布しています。

年末に真っ赤な実の部分が市場で流通し、お正月飾りの素材などによく使われています。枝ものとしても、多くのお花屋さんに並びます。

ただし、紅葉した葉はとてもデリケートで落ちやすくもあるので、こまめに霧吹きをしてあげるなど、ていねいに扱うほうがいいでしょう。

花言葉の「良い家庭」や「福をなす」も家族が集まるお正月にぴったりです。

初夏に出回る白い小花や冬の赤い実姿など、年間を通じて鑑賞価値が高いので庭木としても人気があります。

葉や実に殺菌効果があり、赤飯などにあしらって保存性を高めるために、古くから用いられてきました。乾燥させた実は生薬「南天《なんてん》実《じつ》」として、消炎薬や鎮咳薬になります。

【ビバーナム・ティナス】
宝石のような深い藍色の実

ビバーナム・ティナス（１２４ページに写真）は、和名を「トキワガマズミ」と言います。

トキワは常緑を表す「常盤」、ガマズミは、実を噛《か》むと酸味があることから「噛み酢実」が転じたという説や、鍬《くわ》の柄に枝が使用されていたことから「ガマ」、実を染料にしたことから染めが「ズミ」になったなど、名前に関しては諸説あります。

地中海沿岸や北アフリカを原産とし、春先はピンクや紫色の花が咲き、10～12月頃は珍しいメタリックブルーの実姿で店頭に並びます。

そのまま花器に生けるだけでも洗練されたインテリアに、リースなどに仕立ててもシックな彩りを加えてくれます。

【コニファー・ブルーアイス】
爽やかな森林香が漂う

コニファー・ブルーアイス（１

25ページに写真）は、シルバーリーフの葉と爽やかな森林香が特徴の枝ものです。

コニファーとは園芸用の針葉樹（ヒノキやマツなど）の総称で、ブルーアイスは特徴的な葉の色からついた名となります。細かく分かれた葉から爽やかな森の香りが広がり、またその香りが強く長持ちするのもこの枝ものの魅力になっています。

空間に対して枝ぶりが立派すぎると、少し香りが強すぎるという人もいるほどです。

11〜12月頃に流通し、ホリデーシーズンの雰囲気を運んでくれます。枝ものとして飾るのはもちろん、クリスマスのリースやスワッグの素材としても活用されています。

1年中緑を楽しませてくれるし、また自然な円錐形の樹形も美しいので、庭木としても人気があります。

【ナンキンハゼ】
花言葉は「真心」

ナンキンハゼ（南京櫨・南京黄櫨、125ページに写真）は、中国原産で、別名をトウハゼといいます。

秋になると葉が紅く鮮やかに紅葉し、やがて黒く熟した実が割れて中から白いポップコーンのような種子が3つ現れます。枝ものとしては、この白い種子をつけた状態のものが11〜12月頃に出回ります。

単品で小瓶に入れて部屋に飾るだけでも、シャビーな雰囲気になります。そのままドライになって長く楽しめるので、お水を入れなくても大丈夫です。

中でも、白い実の枝ものはめずらしく、クリスマスリースやお正月飾りのアクセントとしても重宝します。

ハゼと同じく種子からは油や蠟《ろう》が採取できますが、葉や果実、樹液には有毒成分が含まれているので、お子さんや飼っているペットが誤って食べないように気をつけましょう。

街路樹や公園樹として各地に植栽されていましたが、強すぎる繁殖力から近年ではやや敬遠されているそう。

かわいらしいハート型の葉から、「真心」「心が通じる」という花言葉があります。

WINTER

冬の枝もの

ナンテン［南天］

流通時期　12月
流通量　★★☆☆☆
持ちのよさ　★★★☆☆

ビバーナム・ティナス

流通時期　10-12月
流通量　★★★★☆
持ちのよさ　★★★★☆

コニファー・ブルーアイス

流通時期　11-12月
流通量　★★★★
持ちのよさ　★★★★

ナンキンハゼ

[南京櫨・南京黄櫨]

流通時期　11-12月
流通量　★★☆☆☆
持ちのよさ　★★★★★

【コットンツリー】
冬ならではのぬくもり

コットンツリー（綿花、128ページに写真）は、10〜12月頃にかけてふわふわの綿花姿で流通し、寒い季節の冬になんともほっこりとしたあたたかさを演出してくれます。

「綿花」と書きますが花ではなく、熟した実が弾けたもので、白だけでなくブラウンやグリーンのものもあります。

コットンツリーは日本でも栽培は可能ですが、現状ではそのほとんどが輸入物で、その産地は国土の約6割を砂漠地帯が占めるイスラエルとなります。乾燥した空気と激しい寒暖差のあるという厳しい気候環境が栽培に適しているそうです。

ドライ花材なので水は必要ありません。冬の間ずっと飾っても大丈夫です。カットした綿花部分にヒモを付け、ナチュラルなオーナメントとしてアレンジするのもおすすめです。

【オタフクナンテン】
おたふくのような丸み

オタフクナンテン（お多福南天、128ページに写真）は、ナンテン（南天）を改良して丈を低く抑えた品種です。

その名前は、丸みを帯びた葉を「おたふく」に見立てたことに由来しており、別名オカメナンテンとも呼びます。

花言葉はナンテンと同じ、「よい家庭」「福をなす」。お正月によく使われる縁起物です。

ナンテンとは異なり、花や実はほとんどつかず、秋以降は紅葉によって紅・橙・黄が混ざった美しい色彩になります。難を転ずる縁起物として、12月には枝ものとしても出回ります。

枝ものとしてはめずらしく短いサイズ感で、30〜50cmが中心となります。こうした枝の低さを活かし、お正月の生け花やアレンジでは、マツやナンテンの少し空いた足元を埋める花材としても重宝されています。また、お正月飾りの素材としてもよく利用されています。

【サンゴミズキ】
定番の引き立て役

サンゴミズキ（珊瑚水木、129

ページに写真）はシラタマミズキ（白玉水木）の変種で、日本の山野に自生するほか、シベリアや中国北部に分布しています。

　秋から冬にかけて、寒さが厳しくなるとともに鮮やかなサンゴ色に変化していき、10～12月頃までに多く出回ります。

　単品で飾るよりもほかの枝ものと合わせることが多く、赤色を活かしてアレンジの名脇役としてよく使われます。コニファー・ブルーアイスやスギといった針葉樹系と組み合わせたクリスマスのアレンジはＳｉＫｉＴＯでも毎年人気です。

　直線的な枝ぶりながら弾力があるため、リースのベースとしても使うことができます。

　ドライにもできるので、長く楽しめます。

【クロモジ】
芳醇に香る森の香水

　クロモジ（黒文字、１２９ページに写真）は、関東以西の本州、四国、九州北部に自生しています。その名前は樹皮の黒い斑点が文字のように見えたことに由来しています。

　12～2月の最も寒い時期に流通する日持ちのよい枝ものです。すらっと伸びた枝の先端に細長い蕾をつけた姿は冬の風情によく合います。

　野山では3～4月にかけて淡黄色の小さな花を咲かせ、春の訪れを告げてくれる枝もののひとつです。

　枝葉の切り口からは甘く品のある香りが漂うことで知られています。日本在来の香木としても有名で、精油（クロモジ油）や茶外茶（クロモジ茶）としても利用されます。

　また、古くから天皇陛下の即位後に初めて行う大祭「大嘗祭《だいじょうさい》」ではクロモジの垣根をつくり、周囲に香りを漂わせることで、儀式の荘厳さをより強調させる役目を担ってきました。

　薬用としてもとても有用で、抗菌作用やリラックス効果がある精油成分を含み、入浴剤や薬酒としても利用されています。

　クロモジの枝は、香りのよさと見ための美しさから高級爪楊枝《つまようじ》にも使われ、西日本では爪楊枝そのものを「黒文字」と呼ぶ地域もあるそうです。

コットンツリー［綿花］

流通時期　10-12月
流通量　★★★★☆
持ちのよさ　―（ドライ）

WINTER
冬の枝もの

オタフクナンテン
［お多福南天］

流通時期　12月
流通量　★★☆☆☆
持ちのよさ　★★★☆☆

サンゴミズキ

[珊瑚水木]

流通時期　10-12月

流通量　★★★★

持ちのよさ　★★★★★

クロモジ [黒文字]

流通時期　12-2月

流通量　★★☆☆☆

持ちのよさ　★★★★★

枝ものmemo3

開花時期をコントロールする促成栽培

お正月から卒業入学シーズンまで流通するケイオウザクラ。約3か月もの長期出荷をかなえるのが「促成栽培」。通常3月下旬以降に咲くサクラの開花時期を早める技術です。

日本一のケイオウザクラの産地である山形県では、まず切り出した枝を8度以下の低温に一定期間保管し冬の訪れを感じさせる「低温遭遇」という作業を行います。

出荷時期が近づいてくると、40度程度の湯に約1時間浸すことで眠っているサクラを目覚めさせる「休眠打破」が施されます。

その後、温室に入れることで春が来たと思わせる「ふかし」を行い、蕾がめいっぱい膨らんだら出荷。出荷から約1週間後に満開となります。

大切な行事に欠かせないサクラの美しい開花は、生産者さんの努力の積み重ねによるものなのです。

eda-3

枝ものを育む、愛でる

全国に枝ものの産地があります

●北海道

深川市でスズバラ、ビバーナム・コンパクタなど、石狩郡や月形町でベビーハンズを生産。冷涼な地域で紅葉などは全国に先駆けて色づくため、一早く流通されるのが特徴。

●福島県

人気のドウダンツツジが多く採れる地域。福島市やいわき市などで個人農家が山に入って採取し出荷している。栽培も盛んで、ユキヤナギ、ウメモドキ、レンギョウなど。

●群馬県

赤城山南面地域（前橋市）に農家が多い。昔は山採りをしていたが、鹿の増加により採取が難しくなり、近年は栽培が基本。その他、中之条町や片品村でも栽培が盛ん。

●茨城県

波崎地区（神栖市）のマツやセンリョウ、笠間市でのハナモモが有名。奥久慈地区では耕作放棄地を活用した栽培に力を入れ、多くの枝もの農家が増えている注目地域。

●埼玉県

赤山地区ではベニキリツツジやタナシツツジ、ボケなど。秩父市ではハナモモの栽培が盛ん。東京からも近いため2m以上の枝ぶりのよい装飾用の枝ものが市場に持ち込まれている。

●静岡県

湖西市がコデマリとパンパスグラスの一大産地。浜松市でヒバ、スギ類、ユーカリ、アカシアなど、静岡市ではユーカリ栽培と地域によって栽培品目に特徴がある。

枝ものには「山採《やまど》り」と「栽培もの」の2種類があります。森林に自生している枝を採るのが「山採り」で、ドウダンツツジやアセビがその代表的な枝ものです。一方、「栽培もの」はビニールハウスなどを使わず、屋外そのままの露地栽培が基本で、こちらも自然の環境下で育ちます。そうした産地が全国に分布しています。

●山形県
ケイオウザクラの一大産地。他にも、ノバラ、ウメモドキ、ビバーナム・コンパクタ、ナナカマドなど多岐にわたる。山採り農家もいて様々な地域に出荷されている。

●長野県
飯田市を中心とした南信州に枝もの専業農家が存在。ナンテンやウメ、ナツハゼなどを出荷。最近は、佐久市や上伊那地区でもユーカリなどの栽培が盛んになっている。

●石川県
羽咋市周辺で枝もの産地形成に取り組む。サクラ、ユーカリ、ビバーナム・コンパクタを中心に栽培。

●奈良県
良質なアセビが森林に多く自生。個人農家が収穫して市場に持ち込んでいる。モモ、サクラ、サンシュユ、レンギョウの栽培も盛ん。

●和歌山県
山採りのアセビが多く出荷される産地。栽培農家は有田市周辺に多く、ユーカリやアカシア、スモークツリーなどがつくられている。

●愛媛県
松山市ではユーカリ・グニが市のブランド品目に指定されている。他にも、スモークツリー、フェイジョア、ビバーナム・ティナス、メラレウカ、サツマスギなど多岐にわたる生産も。

●福岡県
うきは市で枝ものを栽培する農家が増えている。暖かい気候を活かし、ユーカリやメラレウカ、グレビリアなど、海外品種に取り組む農家が多い。

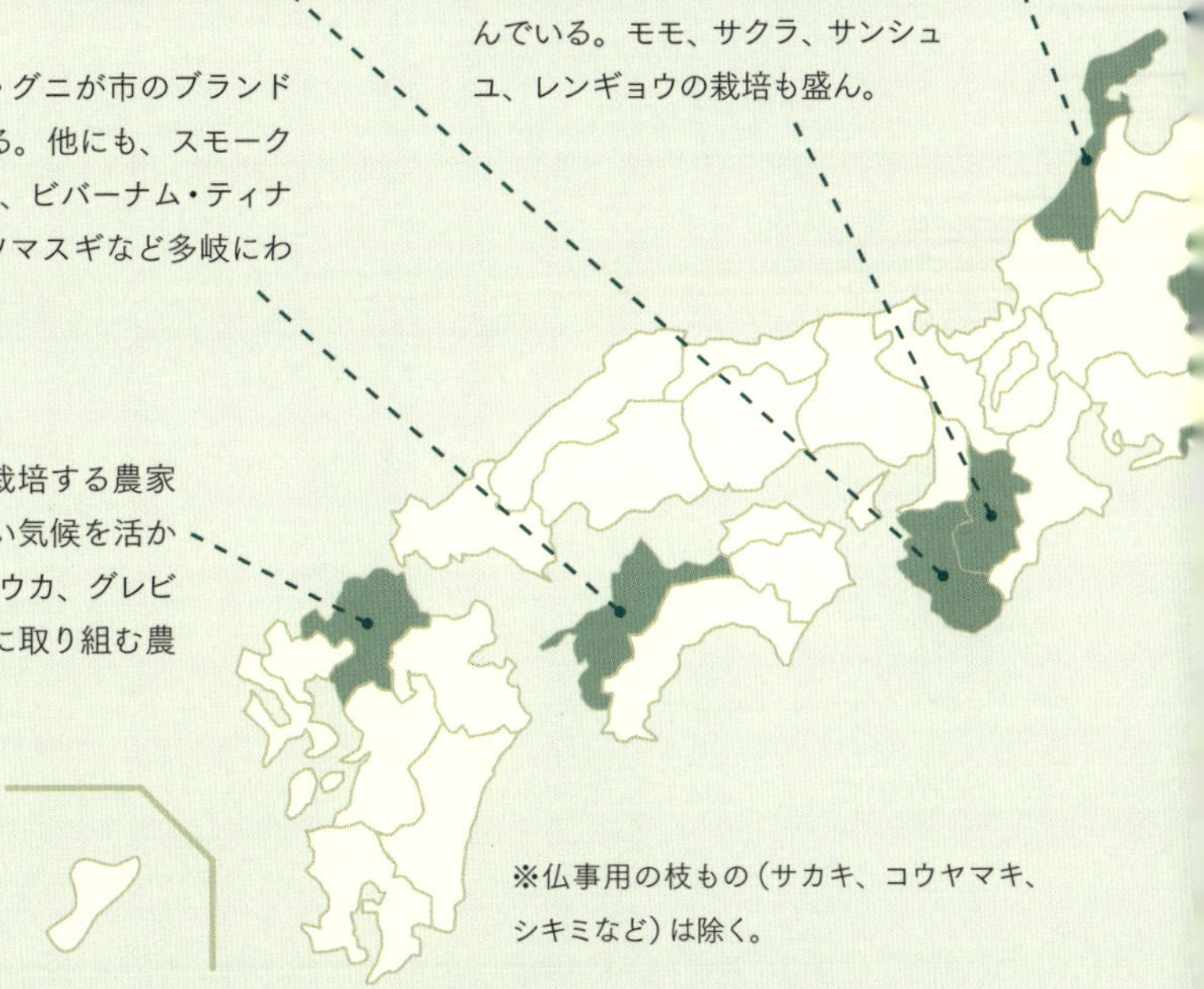

※仏事用の枝もの（サカキ、コウヤマキ、シキミなど）は除く。

250品目超の枝ものを出荷し急成長
茨城県JA常陸奥《おく》久《く》慈《じ》枝物部会

「今、全国で最も元気な産地」と評判の「JA常陸奥久慈枝物部会」を訪ねました。奥久慈とは、茨城県北西部の常陸大宮《ひたちおおみや》市を中心に、周辺の常陸太田市と大子《だいご》町《まち》を合わせたエリアの銘柄産地名です。

都心から車で約2時間。のどかな風景のなかに枝もの農家が点在しています。訪れた11月下旬はオタフクナンテンの収穫期で、陽を浴びて紅く色づき始めた葉を電動鋏で収穫中。「太い枝もあるし大量に切るので、手動の鋏では手が痛くなる」のだそうです。

奥久慈の枝もの畑のほとんどは、元々は雑草だらけの耕作放棄地（農業の担い手がいなくなった元農地）でした。農家の高齢化や過疎化によって年々増え続ける耕作放棄地や遊休農地をこの地域も抱えていたのです。

茨城県奥久慈地区

訪れたときはオタフクナンテンが収穫期を迎えていました。

枝もの畑に生まれ変わった耕作放棄地

荒れ果てた土地をなんとかしようと地元の方たちが立ち上がり、枝ものの栽培が始まったのは2005年。枝ものの産地としては後発組です。

「当時は『畑に木を植えるなんてとんでもない。こんなもの売れるはずがない』と陰口をたたかれました」。8人の仲間に声を掛けた石川幸太郎さん（75）は笑いながら振り返ります。枝ものは苗植えから収穫まで3～5年はかかり、その間は収入が得られません。ただならぬ覚悟を伴ったチャレンジであったことがわかります。

努力の甲斐もあり徐々に軌道に乗り始め、2014年には花ものの開花をコントロールするための促成室が完成。産地としての基盤ができたことで2018年度の市場出荷額は1億円を突破し、2022年度はついに2億円台に。

現在の枝物部会員数も148名にまで増えています（25年1月現在）。なにより、地域に新たな収益産業を誕生させた功績は大きいでしょう。

「自由につくり、自由に売る」が原動力に

この産地のもうひとつの特徴は、栽培品種が多いこと。看板商品のハナモモをはじめ、ナツハゼ、ブルーベリー、ロシアンオリーブ、スモークツリー……と、実に250以上の品種が年間を通じて出荷されています。他の産地では特定品種に絞って栽培するケースも多いのですが、奥久慈枝物部会長の菊池正男さんは「ハナモモなどの重要品種については規格品質を統一して出荷しますが、他の産地と比べると植栽（品種）については産地としての縛りはありません。部会員は好きなものをつくっていいし、どこの市場に出荷しても構わない」。この自由さが生産者のやる気を引き出し、産地全体の活性化につながっていると言います。

それぞれの生産者が今売れ筋の枝もの情報をキャッチして、新たに栽培してみる。もちろん、すべての枝ものが順調に育つわけではなく、土地や環境に合わないものは枯れてしまう。トライ&エラーを重ねる地道な努力は今も続いています。

奥久慈枝物部会長の菊池正男さん。

温度管理を行って枝ものの生長を促進させる促成室は2014年に完成。

出荷時のサイズや色づきなどを産地として統一する勉強会を定期的に行っています。

奥久慈ならではの勢いは新たな担い手も引き寄せるようで、60～70代が中心だった会員の年齢層も若返っています。最近では若い新規就農者のグループも発足したのだとか。

代表の柳田雄介さん（48）は千葉県松戸市で建築業に従事していましたが、40歳のときに奥さんの地元である常陸大宮市に移住したのを機に枝もの農家に転身しました。「試行錯誤の連続ですが、今では年間30～40品目を出荷できるようになりました」と語ります。

訪ねた日には出荷時のサイズや色づきなどの規格を産地として統一するための勉強会「目揃《めぞろい》会」が開かれており、男性に混ざり女性が熱心にメモを取る姿も。元気ある産地の熱気がじんじんと伝わってきました。

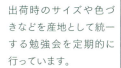

枝ものを
採取する地を
訪ねて

ドウダンツツジのレジェンドが山採りをする福島県いわき市

枝ものの中でもひときわ高い人気を誇るドウダンツツジ。爽やかなライトグリーンの小さい葉が星のように集まる姿が幅広いインテリアにマッチします。

高まり続ける人気とともに多くのお店でも見かけるようになりましたが、栽培が難しい品種とも言われています。畑で人工的に栽培すると葉が厚く大きくなってしまうため、山に自生しているものを採る「山採り」の代表格です。

このドウダンツツジ人気の立役者とも言えるレジェンドが、福島県いわき市の蓮實《はすみ》三男さんです。約25年前から山で採ったドウダンツツジを東京の花き市場に出荷しています。

山採りを始めたきっかけは、配送の仕事をしていた頃に地元のお花屋さんから「山に生えている枝を持ってきてくれたら買うよ」と言われたことだそうです。

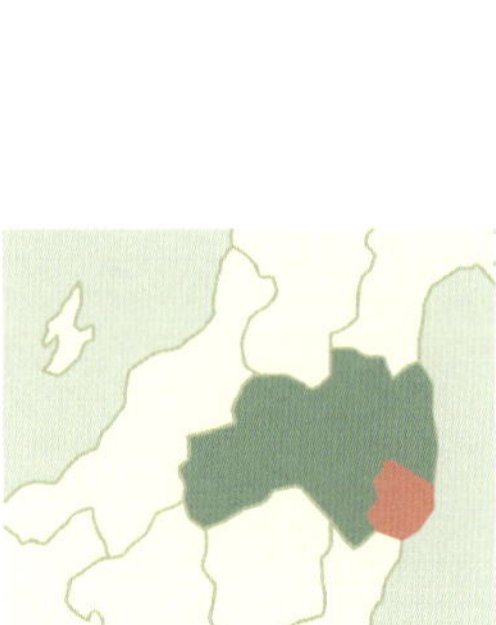

福島県いわき市

森に入り、自生しているドウダンツツジをひたすら探します。

普段はひとりで山を探索する蓮實さんに、無理を言って同行させてもらいました。

山に入ると、車はいきなり舗装されていないガタガタ道に。車を降りた蓮實さんは脇の林へ草を分けながら入っていきます。「探すのは、北向き傾斜で日当たりが悪い場所。そこにドウダンツツジが自生している」と教えてくれます。そのような場所は養分が少ないため葉が小さくなり、わずかな陽を求めて枝が横に広がっていくのだそう。美しく広がるドウダンツツジのプロポーションは生育環境によってつくられるのです。

蓮實さんの後を必死についていった先に、枝ぶりのよいかわいらしいドウダンツツジを発見！　周囲の樹木の葉が虫に食われていましたが、「なぜかドウダンツツジの葉は虫に食われない」のだそうです。鹿などは食べるようですが、幸いにもいわき市の山にはあまりいないと

日当たりが悪く、養分が少ない場所のドウダンツツジが人気。

のこと。かつてドウダンツツジを山採りしていた群馬県では、ここ数年で鹿が増え過ぎて、ドウダンツツジが採れなくなってしまったという話も聞いています。

1年で生長するのはたった10㎝前後

需要が増え続けるなかでの大きな問題は、ドウダンツツジの生長が遅いこと。枝は1年で10㎝前後しか伸びず、1m級になるには約10年、2m級は20～30年もかかるそうです。

「この山のものは90㎝だから、来年は1mで切れる」「ここは一度切ったから、次に採れるのは10年後だな」とあちこちの山のドウダンツツジ情報が常に頭のなかに入っており、計画的に出荷しています。これまでに出荷した最大は約5mで、出荷価格は1本7～8万円になったとか。今も5mクラスのドウダンツツジを3本ほど見つけていて、いつか注文が来る日を待っているそうです。

大人気のドウダンツツジは注文が絶えず、流通時期の5～9月はまったく休みがありません。毎日枝を担いで山の急斜面を歩いたり、ヘビやマムシ、スズメバチの襲撃を受けたり（これまで10回以上も刺されたとか）と仕事はかなりハード。それでも〝ドウダンツツジハンター〟蓮實さんはそんな素振りも見せず、山を嬉々として歩いていました。

ドウダンツツジの山採りを始めて25年のキャリアの蓮實さん。山のどこに、どのくらい生長したドウダンツツジが自生しているかを熟知しています。

SiKiTOが積極的に試みる
枝もの産地を増やす取り組み

「枝もの産地の高齢化が進んでいる」

「後継者がいないので廃業するしかない」

枝もの産地を訪問する中でそういう声をよく聞くようになりました。このままでは枝もの文化がますます衰退してしまうと強い危機感を覚え、体当たりの活動を始めました。

捨てられていた下草が地域資源に

まずひとつ目は、森林の活用です。日本の森林には枝ものとして活用できる自生樹木が多く存在していますが、採り手がいないため商品として流通されません。そこで、枝もの定期便でも人気のあるアセビを探し求めて群生地域である奈良県内の森林組合にアプローチし、出会ったのが黒滝村森林組合でした。

初訪問の際、未舗装の道の先にツヤツヤのアセビを見つけたときは大興奮でした。スギやヒノキを伐採する林業ではアセビのような低木は不要な下草として刈られて廃棄されるのが一般的です。廃棄していたものが商品になるならばと、黒滝村森林組合に良質なアセビを収穫していただき、花き業界のサプライチェーンを活用してSiKiTOが全量を買い上げる仕組みを構築しました。

奈良県黒滝村の森で自生しているアセビ。廃棄される運命だったものを買い取っています。

この取り組みを通じてアセビが地域資源になり、新たな収入源として雇用創出につながることが期待されます。

耕作放棄地の活用と事業承継

ふたつ目が、枝ものを新たに栽培する取り組みです。昨今、日本各地では耕作放棄地（農業の担い手がいなくなった元農地）の増加が問題となっています。ＳｉＫｉＴＯでは長野県南信州エリアの豊丘村と連携協定を締結し、村内の耕作放棄地を耕し、枝ものを育てる取り組みを始めました。

長野県豊丘村では耕作放棄地を枝もの畑として再生させる試みに挑んでいます。

地域に移住し、まちおこし活動に携わる「地域おこし協力隊」の仕組みを活用し、やる気のある若手人材を現地に派遣。荒れた農地を開墾し苗を植え、複数品種を栽培しています。

有難いことに、現地の高齢の先輩農家さんから長年育ててきた枝もの畑を承継してほしいと声をかけていただき、ていねいに手入れされたナンテンの畑を引き継ぐことになりました。今後も地元の人たちと協力しながら、この景色を守っていきたいと思っています。

枝ものの
おうち訪問
1

「気がついたら、枝ものを『ちゃん』づけで呼んでいました」

高埜《たかの》志保さんと修平さんのおうち

お住まい	神奈川県横浜市
お仕事	ふたりとも会社員
枝もの歴	1年
好きな枝もの	サクラ

あちこちに枝ものを置いた森のようなリビング

ここからは、実際に枝ものと暮らす「枝ものライフ」を楽しんでいる方々の、おうちやお店をご紹介していきます。

まず、伺ったのは神奈川県横浜市にお住まいの高埜さんのおうちです。「今リビングは3～4種類の枝ものが並んでいて、ちょっとした森になっています」と事前にお聞きしていましたが、まさにその通りでした。種類によっては3か月も鑑賞できるものがあり、その間にも新しい枝ものを買い足すうちに、こうした「森化」が進んでいったようです。

枝ものが身近になったことで「いろいろ発見があった」とおふたりは話します。たとえば、葉の緑が一様でないこと。初夏は黄緑だったものが、盛夏を迎えると深く濃い緑に変わっていく。「これまで公園を歩いていてもまるで気がつきませんでした」と以前より季節の移ろいを敏感に感じられるようになったと言います。

おふたりとも会社員。志保さんは副業カメラマンとしてポートレートや風景などを撮影していて、修平さんが趣味でつくるお菓子の写真を撮ることも休日の楽しみとなっています。「お菓子だけでは味気ないので、お花や枝を添えだしたんです」。寒天の中にサクラの花の塩漬けが入っていたら、サクラの枝を入れて撮ってみる。そのうちに、「家の中で飾ってみてもいいかも」と思うように。

一戸建ての家を購入したことが大きなきっかけとなりました。大ぶりな枝はリビングで、また小枝にしたものは在宅ワークが多い修平さんの仕事机で、ガラス花器に挿して飾っています。

リビングで過ごしている昼間に、窓からきれいな自然光が差し込むと「あっ、シャッターチャンス」とカメラを向けたり、枝ものお世話に志保さんより熱心に取り組んでいる修平さんと「サクラちゃんの水を換えた？」「ちょっと葉っぱが乾いているようだから、霧吹きをしてみる？」とお互いに声をかけ合ったり。いつの間にか、枝ものを「ちゃん」づけで呼ぶようになり、以前よりも夫婦の会話が増えたと気がつきました。

「ふたりともお休みの日、家で過ごす時間がますます好きになりました。枝ものが私たちにとって、なくてはならない存在になったみたい」と顔を見合わせて笑います。

枝ものライフのススメ

枝ものを話題にした
夫婦の会話がさらに増えて、
家で過ごす時間が前より
心地よいものになりました。

枝もののおうち訪問
2

「枝ものが、変化していく季節を引き立ててくれます」

保志智洋さんのおうち

お住まい	神奈川県相模原市
お仕事	飲食店経営
枝もの歴	2年
好きな枝もの	レンギョウ

窓の外の豊かな自然と旬の枝ものが調和する景色

大型商業施設が並び多くの人が行き交う小田急線町田駅。その喧騒から20分ほど歩いたところ、清らかにせせらぐ川の近くに保志さんのおうちは建っています。暮らしているのは奥さんと双子の娘さんと息子さん、そして一匹の愛猫です。

2階に上がるとまず目に入るのはリビングからキッチンにかけて広がる大きな窓！　柔らかい陽がたっぷり差し込み、周囲の自然が一望できます。伺った1月の木々は葉を落としていましたが、このパノラマのような窓からは春から夏、秋にかけて日に日に葉の色が変わっていく様を眺められると言います。季節の移ろいを、借景として生活の風景に取り入れています。以前は町田駅近くのマンションに住んでおり、日課としているジョギング中に見つけたこの土地を気に入りすぐさま購入。「こだわり過ぎた」という注文建築は完成までに1年半かかったのだとか。大満足の仕上がりとなったこの空間に、入居後まもなく取り入れたのが枝ものでした。

国内外で8店舗のカフェを手がけている保志さんにとって、どの店でも欠かせないのがアートと植物の演出。「このふたつがそろうことで、お客さまに心地よく過ごしていただける。でも、それってなにより僕自身がそう感じるから。だから家も同じにしようと思いました」。切り花はすぐに枯れてしまうので、長くつき合える枝ものを選択しました。

枝ものの定位置はダイニングテーブルの上。バックには窓越しに周囲の緑が映ります。「このあたりは木の種類は多くなくて、たとえばサクラが植わっていなかったりします。それを補ってくれるのが旬の枝もので、季節を引き立ててくれるような存在です」。

実がついた枝ものなどは猫が食べてしまうこともあるので、猫が回遊できない階段下に飾ります。陽が当たらないのでスポットライトを当ててみると、有機的な枝ものの影が浮かび上がり「思いがけず、いい空間演出となりました」。

以前は観葉植物の水やりも面倒だったのに、「今はコーヒーを淹《い》れる感覚でこまめに枝ものの水換えをしています」と自身の変化に驚いているそう。

頻繁に開催するというホームパーティでは、季節の枝ものがともに来客を出迎えています。

枝ものライフのススメ

コーヒーを淹れるような感覚で、
こまめに枝ものの
水換えをするようになった
自分に驚いています。

枝もののおうち訪問 3

谷口香代さんがオーナーを務めるシェアサロン「Trico Antique」

お店の場所	東京都渋谷区
お仕事	ヘアスタイリスト
枝もの歴	半年
好きな枝もの	ソラナム・パンプキン

「植物をすぐに枯らしてしまう私が枝ものは楽しめています」

ドアを開けると、100年以上前の南フランスへ

次に伺ったのは東京・代官山にある古いマンション。その一室にあるのが、まるで隠れ家のようなシェアサロン「Trico Antique（トリコアンティーク）」です。

古びたドアを開けた先には、またもや重厚な古扉が。こちらは間仕切りとして使っているようです。お客様を映す鏡の枠にも古い窓枠、傍らのドレッサー、そこに置かれたお菓子の空き缶などどれも100〜200年前のもの。オーナーの谷口さん自ら南フランスで買いつけてきたアンティークの家具や雑貨がサロンを埋め尽くしています。

「お客さまには、非日常空間で過ごしていただけるように心掛けています」

ロンドンのサロンでカットとメイクを学び、帰国後は代官山でフリーランスのヘアスタイリストとして働いていた谷口さんがこのサロンを開いたのは1998年。当時フリーランス同士がサロンをシェアする業態は珍しかったそうです。オープンしてから、かねてより大好きだったフランスのアンティーク品を揃え始めました。谷口さんの美意識が詰まった空間ですが、生きた植物は長い間置かれていませんでした。「私はどんな植物もすぐに枯らしてしまうんです。スタッフもみんなフリーランスなので負担もかけたくなくて」。

そんなサロンに枝ものが加わったのは2024年。床を全面改修するときに常連の男性客の方から「グリーンがあったほうがいいんじゃない？」と助言されたのです。「手間がかからない植物」と検索して、枝ものと出合いました。

お手入れは3日ごとの水換えと切り戻し程度でも十分長持ち。忙しくて出来ない日があってもOK。「長く育てなきゃという負担感がなく、気負わずに向き合えます」。枝ものの定位置は陽当たりのいい窓際で、ちょうどシャンプー台の前。自然とお客さまの視界に入り、「わぁ、ステキ！」と声を上げてくれます。「そこからしばらく枝ものの話題が弾みます」。枝ものはアンティークの家具とも相性がよく、心地よさが一層増したそう。落ちた葉や実の掃除が大変なときもありますが、「床に転がる実を見ているとどこかかわいらしく、あまり苦ではなくなってきました」。街を歩いていても、サロンにある枝と同じものを見かけると親近感を覚えるようになったと笑顔で話してくれました。

天気のいい日は自宅からサロンまで自転車通勤。風を切って走る15分間の空気で季節を感じているそう。今では、サロンの枝ものがいち早く四季の変化を教えてくれています。

枝ものライフのススメ

植物への思いが変わりました。
街を歩いていて、
サロンに置いてある枝を見かけると
かわいく思えてしまう。

おわりに

多彩でどこまでも奥深い、枝ものの世界にようこそ！

四季折々の枝ものと暮らす、そんな新しい暮らし方についてお話をしてきました。本書ではページの都合で64品種しかご紹介がかないませんでしたが、日本の花き市場で流通されている枝ものだけでも数百種、そして、植物園自然保護国際機構のデータによると世界の樹木は6万種以上もあるそうです。樹木のうち約58％は、ひとつの国にしかない品種だそうで、島国である日本の枝もの文化は独自の発展のうえに成り立ったものなのだろうと思います。そして、他の国にもまたそれぞれの植物を愛でる文化があるのでしょう。いつまでも世の中は知らないことばかりで、案内人としてすこし偉そうに語ってまいりましたが、私自身も奥深い枝もの世界の入口にまだ立ったばかりです。

今回、この深淵な枝ものの魅力を紹介するために、多くの方々にご協力をいただきました。特に、フローリストの岡寛之さん、㈱フローレッツエンティワンの茂木孝太さん、㈱大田花きの小野安勝さん、池上慶さん、㈱なにわ花いちばの柏原博之さんには常日頃から大変お世話になっております。また、今回取材させていただいた、東京農業大学の水庭千鶴子先生、茨城県奥久慈枝物部会のみなさま、そして福島県の蓮實三男さん、枝ものユーザーの保志智洋さん、高埜志保さんと修平さん、谷口香代さん、お忙しい中ご協力いただき、貴重なお話をたくさん伺うことができました。そして河出書房新社のみなさま、「枝もの」という変わった題材をテーマにした書籍を出したいという思いを実現する機会をいただき、感謝の念に堪えません。

なぜ人は枝ものに惹かれるのか。水庭先生のお話にもありましたが、本来人間は自然の中に存在する生き物であり、本能的に自然とのふれあいを欲しているからではないでしょうか。私自身も、コップに溜まった水があふれるかのように、35歳を過ぎた頃から自然に触れる時間が不足するとストレスがたまる感覚を覚えるようになりました。

自然あふれる地域への定期的な旅行や二拠点生活を夢見たこともありましたが、仕事や家庭の事情もありなかなかそうはいきません。そんなときに出合ったのが、日常的に自然とのふれあいや四季をもたらしてくれる枝ものだったのです。ここ20年で生け花文化とともに衰退しつつある枝ものは、いまの現代人にこそ必要であると確信しています。

シンプルでありながら心を豊かにあたたかくしてくれる、素晴らしい枝もの文化が失われないよう、また、もっと広げていくために、これからも体当たりで活動していきます。どこかでお会いしましょう。

２０２５年3月、東京・世田谷の本社でサクラの枝に囲まれて

ＳｉＫｉＴＯ代表　佐藤真矢

枝もの索引

ア

アオモジ（青文字、クスノキ科／ハマビワ属）……118、120
アカシア（マメ科／アカシア属）……74、76
アジサイ（紫陽花、アジサイ科／アジサイ属）……87、88
アセビ（馬酔木、ツツジ科／アセビ属）……94、96
ウメ（梅、バラ科／サクラ属）……69、70
ウラジロギンバ（裏白銀葉、バラ科／アズキナシ属）……85、86
ウンリュウヤナギ（雲龍柳、ヤナギ科／ヤナギ属）……85、86
オタフクナンテン（お多福南天、メギ科／ナンテン属）……126、128

カ

カワヅザクラ（河津桜、バラ科／サクラ属）……78、80
キバデマリ（黄葉手鞠、バラ科／テマリシモツケ属）……83、84
キリ（桐、キリ科／キリ属）……98、100
クロモジ（黒文字、クスノキ科／クロモジ属）……127、129
ケイオウザクラ（啓翁桜、バラ科／サクラ属）……70、72
コットンツリー（綿花、アオイ科／ワタ属）……126、128
コデマリ（小手毬、バラ科／シモツケ属）……74、76
コニファー・ブルーアイス（ヒノキ科／ホソイトスギ属）……122、125

サ

サンゴミズキ（珊瑚水木、ミズキ科／ミズキ属）……127、129
サンシュユ（山茱萸、ミズキ科／ミズキ属）……74、76
白塗り枝……114、116
シロバナマンサク（マンサク科／シロバナマンサク属）……79、81
シンフォリカルポス（雪晃木、スイカズラ科／セッコウボク属）……110、112
スズバラ（鈴薔薇、バラ科／バラ属）……99、100
スモークツリー（煙の木、ウルシ科／ハグマノキ属）……87、88
セイヨウウメモドキ（西洋梅擬、モチノキ科／モチノキ属）……105、106
セッカヤナギ（石化柳、ヤナギ科／ヤナギ属）……95、97
ソラナム・パンプキン（ナス科／ナス属）……101、102

タ

タナシツツジ（田無躑躅、ツツジ科／ツツジ属）……78、80
テマリシモツケ・ディアボロ（バラ科／テマリシモツケ属）……91、93
トウガラシ・カメレオン（ナス科／トウガラシ属）……101、102
ドウダンツツジ（灯台躑躅、ツツジ科／ドウダンツツジ属）……91、92

ナ
ナツハゼ（夏櫨、ツツジ科／スノキ属）……89、90
ナナカマド（七竈、バラ科／ナナカマド属）……103、104
ナンキンハゼ（南京櫨・南京黄櫨、トウダイグサ科／ナンキンハゼ属）……123、125
ナンテン（南天、メギ科／ナンテン属）……122、124
ノバラ（野茨・野薔薇、バラ科／バラ属）……103、104

ハ
ハナズオウ（花蘇芳、マメ科／ハナズオウ属）……79、81
花餅……115、117
ハナモモ（花桃、バラ科／モモ属）……75、77
バラの実（バラ科／バラ属）……99、101
パンパスグラス（白銀葦、イネ科／シロガネヨシ属）……105、106
ビバーナム・スノーボール（ガマズミ科／ガマズミ属）……82、84
ビバーナム・ティナス（ガマズミ科／ガマズミ属）……122、124
ヒペリカム 紅葉（金糸梅、オトギリソウ科／オトリギソウ属）……107、108
ヒペリカム 実（金糸梅、オトギリソウ科／オトギリソウ属）……95、97
ヒメミズキ（姫水木、マンサク科／トサミズキ属）……86、88
フェイジョア（フトモモ科／アッカ属）……110、113
ブルーベリー 紅葉前（ツツジ科／スノキ属）……89、90
ブルーベリー 紅葉後（ツツジ科／スノキ属）……111、113
ベニキリツツジ（紅切躑躅、ツツジ科／ツツジ属）……75、77
ベニスモモ（紅李・紅酸桃、バラ科／スモモ属）……111、113
ボケ（木瓜、バラ科／ボケ属）……67、68

マ
マツ（松、マツ科／マツ属）……115、117
メラレウカ（フトモモ科／コバノブラシノキ属）……106、108
モクレン（木蓮、モクレン科／モクレン属）……70、73

ヤ
ヤシャブシ（夜叉五倍子、カバノキ科／ハンノキ属）……119、121
ヤドリギ（宿り木、ビャクダン科／ヤドリギ属）……114、116
ユーカリ・グニ（フトモモ科／ユーカリ属）……118、120
ユーカリ・ポポラス（フトモモ科／ユーカリ属）……119、121
ユキヤナギ 紅葉染め（雪柳、バラ科／シモツケ属）……107、109
ユキヤナギ 花（雪柳、バラ科／シモツケ属）……71、73

ラ
ライラック（紫丁香花、モクセイ科／ハシドイ属）……83、84
レンギョウ（連翹、モクセイ科／レンギョウ属）……71、73
ロウバイ（蝋梅、ロウバイ科／ロウバイ属）……67、69
ロシアンオリーブ（グミ科／グミ属）……93、94

著者Profile

佐藤真矢（さとう・しんや）

SiKiTO代表。証券会社やコンサルティング会社を経て、2014年に（株）TRINUS（トリナス）を創業。埋もれた資源に光を当て、新商品・サービスを開発。2022年に「枝もの定期便」などを展開するライフスタイルブランド「SiKiTO（シキト）」を開始。

Staff

デザイン・DTP／大薮胤美、小松桂子［フレーズ］
編集協力／新井麻亜沙
イラスト／柴垣瑛才
写真撮影／石澤義人、川内章弘、村上愛、馬場晶子、
田川紘輝、高埜志保、柴垣瑛才
構成／佐藤俊郎

毎日の暮らしを楽しむ四季の「枝もの」
季節の枝もの図鑑から、飾り方のコツ、トリセツまで

2025年3月20日　初版印刷
2025年3月30日　初版発行
著　者　佐藤真矢
発行者　小野寺優
発行所　株式会社河出書房新社
〒162-8544　東京都新宿区東五軒町2-13
電話 03-3404-1201（営業）
03-3404-8611（編集）
https://www.kawade.co.jp/
印刷・製本　TOPPANクロレ株式会社
Printed in Japan
ISBN978-4-309-29475-9

＊本書の内容に関するお問い合わせは、お手紙かメール（jitsuyou@kawade.co.jp）にて承ります。恐縮ですが、お電話でのお問い合わせはご遠慮くださいますようお願いいたします。